JENNA ORTEGA

É sobre Amor

REFLEXÕES
— PARA —
O CORAÇÃO E A ALMA

Tradução de Isabela Sampaio

Título original
IT'S ALL LOVE
Reflections for your Heart & Soul

Copyright do texto © 2020 *by* Reereelicious, Inc.

Copyright arte de capa e miolo © 2020 *by* Ali Mac

Todos os direitos reservados, incluindo os de reprodução
no todo ou em parte sob qualquer forma.

Edição brasileira publicada mediante acordo com a Random House
Children's Books, uma divisão da Penguin Random House LLC.

Direitos para a língua portuguesa reservados
com exclusividade para o Brasil à
EDITORA ROCCO LTDA.
Rua Evaristo da Veiga, 65 – 11º andar
Passeio Corporate – Torre 1
20031-040 – Rio de Janeiro – RJ
Tel.: (21) 3525-2000 – Fax: (21) 3525-2001
rocco@rocco.com.br
www.rocco.com.br

Printed in Brazil/Impresso no Brasil

Preparação de originais
CATARINA NOTAROBERTO

CIP-BRASIL. CATALOGAÇÃO NA PUBLICAÇÃO
SINDICATO NACIONAL DOS EDITORES DE LIVROS, RJ

O88e

Ortega, Jenna
 É sobre amor : reflexões para o coração e a alma / Jenna Ortega ; tradução Isabela Sampaio. - 1. ed. - Rio de Janeiro : Rocco, 2023.

 Tradução de: It's all love : reflections for your heart & soul
 ISBN 978-65-5532-367-2
 ISBN 978-65-5595-210-0 (recurso eletrônico)

 1. Amor. 2. Relações interpessoais. 3. Fé. 4. Conduta. I. Sampaio, Isabela. II. Título.

23-84578
CDD: 177.7
CDU: 177.61

Meri Gleice Rodrigues de Souza - Bibliotecária - CRB-7/6439

Impressão e Acabamento:
BARTIRA GRÁFICA

Para minha mãe, a inspiração para tudo que eu faço

SUMÁRIO

Carta da autora . . . VII
Viva com amor . . . 1
Não perca a fé . . . 29
Valorize sua família . . . 55
Arrisque . . . 79
Priorize-se . . . 107
Aceite sua ambição . . . 139
Ame-se . . . 167
Acredite no seu poder . . . 195

Eu interajo com o mundo a partir de uma perspectiva de amor e luz. Vejo minha própria história em muitas das pessoas que me procuram nas redes sociais ou que me param na rua para compartilhar suas dificuldades. Eu me conecto com pessoas que me apoiam, cujas línguas, estilos de vida e crenças diferem muito dos meus — e, mesmo assim, apesar de tudo que não temos em comum, nos conectamos como indivíduos que enfrentam as mesmas dúvidas e inseguranças, que querem se olhar no espelho e, no reflexo, enxergar amor. De muitas maneiras, tive uma vida abençoada, mas também enfrentei muitos momentos difíceis. Quando vejo uma mensagem de um seguidor dizendo que se sente solitário ou que não acredita no próprio poder, acabo me identificando. Porque eu também já senti isso.

Quero que vocês, meus leitores, saibam que não estão sozinhos. Somos mais parecidos do que a maioria de nós imagina. Estamos juntos. É sobre amor.

Minha maior esperança é que a honestidade e os sentimentos que botei nestas páginas tragam um pouco de amor e de luz para sua vida. Há muitas coisas que quero dizer a respeito da nossa capacidade de sermos gentis, de botarmos uns aos outros para cima e de sermos amorosos com nós mesmos à medida que crescemos em nossa jornada. Compartilharei histórias íntimas e pessoais que falam sobre acolher a confiança e a autoestima, se arriscar e lidar com o estresse e a ansiedade. Ao dividir minhas experiências e os conselhos de quem já passou por essas situações, espero ser capaz de ajudar vocês a enfrentá-las.

Tive a sorte de poder seguir minha paixão de atuar e fazer o que amo todos os dias. Foi preciso muita coragem e determinação para que eu me jogasse nesse mercado, lutasse por papéis sobre os quais não estava muito segura, me considerasse uma boa escolha para grandes projetos.

A ideia de fracassar pode ser assustadora, mas apostar em si mesmo é mais do que válido. Todos temos nossa própria jornada a seguir. É fácil me comparar com os outros e pode ser difícil valorizar o meu sucesso e o meu suado progresso rumo aos meus objetivos quando há outras pessoas seguindo suas próprias trajetórias — às vezes mais rápidas que a minha. Honrar suas paixões, ter confiança no que você tem a dizer e oferecer ao mundo, e largar o medo, a inveja e a insegurança são algumas das coisas mais difíceis de se fazer. É uma questão de prática e deve ser parte do nosso dia a dia. Às vezes vencemos, às vezes, não. Mas sempre podemos acordar na manhã seguinte prontos para tentar novamente. Nunca deixe que seus medos o impeçam de trabalhar em prol dos seus sonhos. Você está no comando de sua própria história.

Com todo o meu amor,
Jenna

VIVA COM AMOR

TUDO QUE EU FAÇO É MOVIDO PELO AMOR.

Meu modo de interagir com o mundo parte de uma perspectiva de amor e luz. Aprendi a não criticar, não me prender a energias negativas, nem falar mal dos outros. Quando se trata de um assunto no qual acredito piamente e me sinto envolvida, eu me manifesto de forma positiva para unir as pessoas de modo a discutirmos questões importantes sem ódio. E, quando me sinto pouco informada sobre um tema, faço questão de me instruir.

Quando estou trabalhando, tento levar amor e positividade comigo para o set todos os dias. Amo o que eu faço e me sinto muito grata por poder seguir minha paixão. Deixo esse amor fluir de formas grandes e pequenas: ser gentil e atenciosa com as pessoas com quem trabalho ajuda muito.

Acordar cedo, dormir tarde e ter dias longos costuma ser desafiador, mas nada disso consegue me derrotar. Sempre me lembro de como sou grata por simplesmente estar trabalhando. Tudo isso é um privilégio.

PRIORIZE A GENTILEZA.

Certa vez, um colega de trabalho comentou comigo que, sempre que eu interajo com alguém novo no set, faço um elogio. A princípio, tive medo de que isso significasse que eu estava sendo uma puxa-saco. Mas me dei conta de que, quando eu estava em um momento difícil da minha vida e alguém me elogiava, por mais que fosse sobre algo pequeno, tipo os meus sapatos, aquilo me dava ânimo. Acabei internalizando essa lição e procuro algo para apreciar na outra pessoa quando nos conectamos pela primeira vez. Nunca se sabe se alguém está tendo um dia ruim, e um pequeno elogio pode ajudar o outro a sorrir. A sensação de simplesmente ser notado já pode ser boa.

Eu quero ser gentil, porque qualquer outra atitude é perda de tempo e de energia. Ser cruel não melhora seu estado de espírito. Por que não procurar por algo positivo?

BUSQUE PARA SI
O MESMO PADRÃO
DE QUALIDADE QUE
DESEJARIA PARA SUA
MELHOR AMIGA OU SUA
IRMÃ CAÇULA. JAMAIS
ACEITE MENOS DO
QUE MERECE.

Sempre encorajo meus amigos e minhas amigas a se concentrarem na personalidade dos seus crushes, e não apenas na aparência física. Uma pessoa capaz de desafiá-lo intelectualmente e lhe ensinar algo novo sobre si mesmo é alguém com quem você pode construir uma amizade. Os melhores relacionamentos sempre têm a amizade como base. Em vez de me deixar levar pela atenção recebida ou por uma atração inicial, lembro a mim mesma que é preciso conhecer direito a outra pessoa. Credibilidade, otimismo e um bom senso de humor são traços que chamam muito a minha atenção. A vida é estressante, então preciso de alguém que me ajude a me sentir bem e a ver o lado positivo das coisas. Também acredito que a gentileza é a qualidade mais admirável que um cara pode ter. Quando gosto de alguém, quero ver como ele trata pessoas que não têm nada para lhe dar em troca, quero ver se ele é gentil apenas por ser gentil.

ACREDITO QUE ALGUMAS PESSOAS ESTÃO DESTINADAS A FAZER PARTE DA SUA VIDA POR UM MOTIVO.
É POSSÍVEL TER MAIS DE UMA ALMA GÊMEA.

Tenho a sorte de ter um grupo de melhores amigos que cresceram comigo. Recentemente, eu e uma das minhas amigas mais próximas nos conectamos mais profundamente, por meio de longas conversas sobre o universo, política e justiça social, sobre nosso futuro e como a vida adulta está chegando depressa. Compartilhamos opiniões a respeito de coisas significativas e temos o mesmo senso de humor mordaz e sarcástico. Sinto que, com ela, posso conversar sobre coisas que não poderia falar com várias outras pessoas. Ela me oferece um espaço sem julgamentos para conversar em momentos difíceis ou estressantes. Eu me sinto abençoada por ter uma amiga que me entende e se conecta comigo de um jeito tão profundo. Realmente não consigo imaginar minha vida sem ela. Ela me conhece, me compreende, me dá apoio e me valoriza, além de me amar incondicionalmente. De que outra forma você descreveria uma alma gêmea?

TENHA PACIÊNCIA COM UM CORAÇÃO PARTIDO.

Quando você perde alguém que ama, é difícil se livrar das emoções e das memórias. A cura é um processo, não acontece da noite para o dia. Um relacionamento se dá apenas entre você e a outra pessoa: ninguém será capaz de entender realmente o que tudo aquilo significou para você e ninguém pode saber ao certo quando é o momento de você seguir em frente. Assim como é importante valorizar e respeitar as suas memórias, é ainda mais importante lembrar que você precisa sair e criar novas lembranças. Continue a aproveitar a vida! Quando você se concentra demais no passado, corre o risco de ficar preso. Às vezes vejo amigos ficarem tão absortos no luto pelo fim de um relacionamento que acabam se esquecendo de sair com os colegas e gerar novas memórias. Tente não se apegar a coisas que o mantenham preso ao passado. Não estou dizendo que você precisa passar horas e mais horas fazendo uma limpa no seu Instagram! Mas também não sobrecarregue seu espaço com lembranças ou fotos. Esses laços com o passado só vão servir para prender você.

A GENTE APRENDE
TANTO COM OS
RELACIONAMENTOS
RUINS QUANTO
COM OS BONS.

Sou grata por todos os relacionamentos da minha vida, os bons e os ruins, pois eles contribuíram para o meu crescimento. Às vezes, relacionamentos difíceis acabam nos ensinando mais do que os bonitos, por mais dolorosas que essas lições possam ser. No ensino fundamental, fiz amizade com uma garota. Ela era nova na cidade, então decidi ajudá-la e a apresentei aos meus amigos. No começo, a garota foi um amor de pessoa, mas ela não demorou muito a mostrar sua verdadeira personalidade. Fiquei arrasada! Ela causou problemas entre meus amigos mais próximos sem nenhum motivo aparente. Desde então, tomo cuidado com quem deixo entrar no meu círculo social íntimo, além de ser aberta e direta se surge qualquer problema com um dos meus amigos. Isso me fez dar ainda mais valor às verdadeiras amizades.

NUNCA DUVIDE DA SUA CAPACIDADE DE AMAR E SER AMADO.

Todo mundo tem inseguranças, e muitas pessoas passam por momentos em que sentem que não são dignas de amor. Vai por mim, também já passei por isso. Quando me sinto muito insegura e para baixo, tendo a me isolar das pessoas que mais amo para não as arrastar para o buraco em que estou. As minhas inseguranças agem como um muro. Então penso na minha família e nos meus amigos mais próximos, em como são incríveis, e me pergunto o que fiz para merecê--los. Sabe o que eu aprendi? São exatamente nesses momentos de tristeza e insegurança que mais preciso deles.

CONFIE QUANDO SEUS
AMIGOS DIZEM O QUE
ENXERGAM EM VOCÊ,
E RETRIBUA O CARINHO
DELES.

Quando sinto que estou sendo crítica demais comigo mesma, confio nos meus amigos, na minha família e no amor deles por mim. Se eles me consideram o suficiente para me dar apoio e me amar, tenho que confiar que enxergam alguma coisa em mim, por mais que eu mesma não consiga enxergar.

Você não precisa ter um monte de gente por perto — apenas algumas pessoas importantes que mostrem seu valor e lhe tragam paz quando você não consegue encontrá-la por si só.

EU NÃO ACREDITO EM AMOR À PRIMEIRA VISTA. ACREDITO EM AMOR BASEADO EM CONFIANÇA E AMIZADE.

O amor à primeira vista parece superemocionante: doce, inocente e puro. Mas o amor, para mim, é construído por meio da confiança e da conexão. É uma jornada a dois. Não dá para começar pela linha de chegada. Para mim, amor é saber que você vai ter alguém a seu lado nos altos e baixos. Ele se constrói com o passar do tempo; pode até começar com uma paixão, e então uma amizade vai se desenvolvendo à medida que vocês se conhecem. É isso que leva ao amor.

NÃO CONFUNDA PAIXÃO COM AMOR.

Se tem uma coisa na qual *eu* acredito é em paixão à primeira vista — a paixão é tão poderosa! Ela é capaz de perturbar seu senso crítico e levar você a confiar mais do que deveria em alguém. Eu não resisto a um bom senso de humor e a caras que amam aquilo que fazem. Respeito pessoas que se dedicam ao seu ofício, seja lá qual for. Embora eu ache essas qualidades muito atraentes e elas chamem a minha atenção logo de cara, tive que aprender a diferença entre amor e paixão.

Aprendi a ter controle sobre essa atração inicial e conhecer bem a outra pessoa antes de mergulhar de cabeça. É fácil conhecer alguém e se jogar na fantasia de estar com essa pessoa. Tento impor limites ao quanto penso em alguém de quem comecei a gostar, para permanecer centrada. Não procuro as redes sociais do cara para saber mais a respeito dele. Tenho a disciplina de recuar e deixar as coisas fluírem naturalmente. Você pode precisar de algumas tentativas, mas com certeza consegue fazer o mesmo. Também me concentro no amor que sinto pela minha família e pelos meus amigos, comparo isso aos meus sentimentos por um garoto para lembrar a mim mesma que um namoro não é algo tão intenso quanto pode parecer.

SE VOCÊ PROCURAR O LADO NEGATIVO DAS COISAS, É ISSO QUE VAI ENCONTRAR. BUSQUE O POSITIVO E PERMITA-SE SER SURPREENDIDO.

Como alguém que já lidou com várias pessoas e situações decepcionantes, trabalho nisso diariamente. Cheguei a um ponto em que construí um muro para me proteger. Só que, quando construímos muros, bloqueamos as coisas boas tanto quanto as ruins. Acho importante dar às pessoas o benefício da dúvida, dar a elas a chance de mostrar quem são e o que desejam. Isso não significa se abrir para uma pessoa logo de cara e contar a ela seus segredos mais profundos e obscuros; significa ser receptivo à ideia de que outra pessoa pode compreendê-lo. Eu sempre vou ser um pouco cautelosa e protetora, mas quero estar aberta a novas pessoas e amizades. Quero me deixar ser surpreendida positivamente por novas conexões e perspectivas interessantes.

EU TENTO MANTER A PALAVRA "ÓDIO" FORA DO MEU VOCABULÁRIO.

Vocês nem imaginam o quanto eu detesto a palavra "ódio". Quando estava em um momento difícil da minha vida e me sentindo muito mal comigo mesma, essa era uma palavra que eu usava com frequência. Eu estava infeliz e era muito maldosa com os outros. Felizmente, me dei conta de que mergulhar na insegurança não me fazia bem. Na verdade, comecei a melhorar quando resolvi nunca mais repetir a palavra "ódio". Tudo o que dizemos aos outros, e especialmente o que dizemos a nós mesmos, afeta o nosso estado emocional e a nossa energia. Agora, tento me ater a palavras mais suaves e a formas mais leves de viver, pois quero me cercar de luz, positividade e amor. Acredito que a gente atrai as mesmas coisas que botamos no mundo.

Nos últimos anos, aprendi a reformular os meus pensamentos negativos e transformá-los em positivos, ou em menos negativos, pelo menos. Se eu me pego me olhando no espelho e percebo que estou prestes a destacar uma falha, substituo esse pensamento por outro baseado no apreço ou na neutralidade. Ou, se estou indo fazer uma audição, participar de um evento, ou até mesmo de uma aula de ginástica, e estou insegura, lembro a mim mesma de por que embarquei nessa — acredito que meu eu do passado sabia o que estava fazendo e mergulho de cabeça com confiança no que quer que eu vá fazer.

ATÉ MESMO SUAS OPINIÕES E SEUS PONTOS DE VISTA MAIS FORTES PODEM MUDAR COM O TEMPO.

A vida está em constante evolução e, à medida que envelhecemos, nossa visão de mundo vai mudar. Deveríamos aceitar esse processo, em vez de lutar contra ele. As pessoas mudam e é natural que nossa opinião sobre determinados assuntos mude junto. Todos nós deveríamos continuar a nos instruir, conversar com pessoas diferentes e buscar novas informações. Abracemos a ideia de que, no dia em que paramos de aprender, também paramos de crescer. E eu quero aprender, crescer e melhorar continuamente. Cada uma de nossas perspectivas se baseia em nossas memórias, ideias e conversas. É importante manter a mente aberta e saber que há muito mais a ser vivenciado e aprendido.

NÃO PERCA A FÉ

SEJA QUAL FOR O NOME DO PODER SUPERIOR EM QUE ACREDITA, SEJA QUAL FOR O TIPO DE ORAÇÃO OU PRÁTICA QUE INSPIRE VOCÊ, NOSSA FÉ NOS CONECTA.

A fé é algo único para cada pessoa, mas proporciona uma grande conexão com o mundo e com o universo à nossa volta. Fé não é necessariamente o mesmo que religião, embora muitas vezes esses conceitos sejam usados de forma intercambiável. Mesmo que você não tenha uma forte prática religiosa nem faça parte de determinado grupo religioso, ainda é possível ter sua fé. Fé também é convicção, e essa convicção pode ser em Deus, na bondade do universo ao seu redor, e talvez até em si mesmo. É uma base de apoio para quando a vida fica difícil.

MINHA FÉ ME DEU
ALGO EM QUE
ACREDITAR QUANDO
EU NÃO ACREDITAVA
EM MIM MESMA.

O que aprendi nas manhãs de domingo me inspira em tudo que faço. Minha fé me inspira a acreditar em mim mesma quando sinto as dúvidas e inseguranças surgirem de fininho. Quando eu rezo, me lembro da força da minha família, das convicções que compartilhamos e do quanto eles me amam e me apoiam. Cresci bastante no contexto da minha fé, e ela tem sido uma fonte de incentivo e inspiração com a qual contei a vida inteira. Quando estou triste ou frustrada por não ter conseguido um papel, por errar as falas durante as gravações ou por um mal-entendido com os meus amigos, eu me lembro de rezar para me reconectar com Deus e recordar que existe um plano maior em ação. As orações fazem parte da minha vida desde que eu me entendo por gente, e elas ajudam a trazer segurança quando estou inquieta. O auge da minha inspiração acontece nos momentos em que estou conectada com a minha fé. Minha fé é a raiz do amor e da confiança que sinto por mim mesma.

A ORAÇÃO É UM MANTRA E UMA FORMA DE SE CENTRAR, INDEPENDENTEMENTE DA SUA CRENÇA.

Eu me mantenho conectada à minha fé por meio da oração. Amo saber que é possível fazer uma oração onde quer que se esteja, sempre que surgir um momento livre. Quanto mais eu rezo, menos sinto que o universo está contra mim. Não é preciso ser religioso ou acreditar em uma prática espiritual em detrimento de outra. Rezar é uma maneira de desacelerar e sentar-se em silêncio com os próprios pensamentos. É uma prática que permite que nós nos conectemos com nós mesmos e com o que estamos sentindo, além de proporcionar reflexões acerca do que tem nos incomodado, nos estressado ou até nos empolgado. Podemos oferecer nossa gratidão pela nossa família e pelos nossos amigos, ou qualquer outra coisa que apreciamos na vida.

ABRA OS BRAÇOS E ACEITE OS OUTROS.

Os princípios da minha fé influenciam como ajo no dia a dia e, especialmente, a maneira como trato os outros. A ideia de "amar o próximo como a si mesmo" é importante para mim, e tento viver de acordo com esse princípio. No momento, há muita divisão no meu país. O preconceito contra diferentes grupos por conta de gênero, raça, religião ou orientação sexual tem nos separado. Minha fé e religião me proporcionaram uma mentalidade de aceitação, e não vou enxergar ninguém com outros olhos por causa de sua crença, de sua origem ou da forma como vivem sua vida. Minha fé me ajudou a manter a mente aberta, aceitar os outros e tratá-los com respeito, por mais que tenham feito escolhas diferentes.

Quando eu digo "ame o próximo como a si mesmo", na verdade quero dizer "veja-os a partir de uma perspectiva de amor". A ideia é não faltar ao respeito com ninguém por conta da maneira como vive. Eu procuro valorizar cada conexão que faço e apreciar o indivíduo e a oportunidade de aprender através de novas perspectivas. Minha fé me encoraja a me instruir, a ouvir pessoas com origens ou pontos de vista religiosos distintos.

NÃO ABANDONE SUA FÉ,
ESPECIALMENTE NOS
MOMENTOS MAIS
OPRESSIVOS DA VIDA.

O detalhe mais delicado da fé é que é preciso fazer dela uma prioridade. Eu certamente passo por períodos em que me afasto da luz de Deus e acabo me esquecendo de me voltar para Ele. Isso sempre ocorre em momentos de distração e estresse no trabalho, quando a insegurança me leva ao limite. Percebi que abrir mão da minha fé faz com que eu me sinta pior, insegura e isolada. Mas, quando eu a priorizo, todo o resto se encaixa.

Durante as gravações da terceira temporada de *A irmã do meio*, minha agenda ficou bem mais cheia do que o normal. Eu não estava rezando e me sentia desconectada do mundo ao meu redor. Minha ansiedade estava piorando. Por fim, me sentei com minha mãe e caí no choro. Contei a ela que estava me sentindo estranha. Ela me fez ficar sentada por dez minutos sem fazer nada, só respirando. Em seguida, me perguntou o que eu tinha feito durante aqueles minutinhos de silêncio, e eu disse a ela que fiquei pensando em todas as coisas que eu precisava fazer. Ela perguntou: "Por que você não está rezando?" Isso me abalou e percebi que eu estava me permitindo perder meu porto seguro.

Depois disso, rezar todas as noites e não abandonar minha fé durante momentos de estresse passaram a ser prioridades. Tempos difíceis são inevitáveis, mas nunca mais vou me esquecer de me reconectar com a fé.

A FÉ PODE SER UMA LUZ NOS MOMENTOS MAIS SOMBRIOS.

Eu sei como é sentir a pressão de precisar ser perfeito. Eu sei como é se sentir inseguro e cauteloso em relação a tudo que se diz e faz. Houve uma época em que me isolei e nunca tomava nenhuma ação. Eu não queria rezar porque sentia que meus problemas eram pequenos demais em comparação a tudo que estava acontecendo no mundo. Eu estava morando em Los Angeles, longe da minha família, e não tinha tempo de ir à igreja. Eu não sabia em quem podia confiar. Eram tantas dúvidas que comecei a questionar minha fé.

Em um momento de descanso muito necessário, fui visitar minha família e todos nós fomos juntos à igreja. O pastor contou histórias da Bíblia que eu já tinha ouvido a vida toda, mas elas ganharam um novo significado no contexto em que eu estava vivendo. A sensação foi de estar em casa pela primeira vez depois de um tempão. Tive a oportunidade de reunir esses sentimentos de conforto e confiança, de identidade e pertencimento e trazê-los para minha vida agitada em Los Angeles.

ABRACE SUA FÉ O MAIS FORTE QUE PUDER E ARRISQUE INSPIRAR OUTRAS PESSOAS.

Quando eu estava no ensino fundamental, me aproximei de uma garota que estava tendo problemas com os pais. O casal vivia brigando e se separando, depois se reconciliava. Foi um momento muito difícil e delicado para a minha amiga, e ela precisava muito de consolo. Além de ouvi-la com compaixão, compartilhei com ela o poder e o conforto da minha fé.

Dividir com outra pessoa a profundidade da sua fé e o que ela significa para você é algo que exige bastante vulnerabilidade, mas fico contente por ter feito isso. Minha amiga se mostrou receptiva, e a forma como falei da minha crença lhe deu esperança. Ela quis saber mais sobre Deus e o que eu ganhava com as minhas práticas religiosas. Eu a levei à igreja com a minha família algumas vezes, e ela sentiu uma conexão muito forte. Nos momentos em que precisou de apoio e se sentir conectada, ela encontrou tudo isso na fé.

TUDO ACONTECE NO TEMPO DE DEUS.

Como atriz, eu me coloco em situações de competição o tempo todo, e pode ser devastador perder um papel. Eu me lembro de uma grande oportunidade quando concorri a um papel em um filme de comédia e ação para todas as idades protagonizado por dois jovens atores que eram grandes estrelas. O projeto tinha um diretor com quem eu queria trabalhar, e quando fiz uma leitura com o ator que faria o protagonista, para ver se tínhamos química em cena, tudo pareceu se encaixar.

Mas não era para ser.

Ah, como eu chorei quando recebi a notícia! E minha mãe chorou comigo. Levei um tempo para processar tudo aquilo, mas, se não era para ser, não era para ser. Eu sabia que teria a oportunidade de interpretar papéis mais sérios e adultos quando estivesse preparada, e, em pouco tempo, foi o que aconteceu. As coisas podem até acontecer mais rápido para os outros, mas tudo se dá no tempo de Deus. Hoje em dia, não choro mais por papel nenhum. Se algo não acontece do jeito que eu queria, garanto a mim mesma que tudo faz parte do plano de Deus e que vou ganhar o papel certo quando for o momento certo.

EU ACREDITO
NA PROFUNDIDADE
DA MINHA FÉ.

É bom acreditar em algo mesmo quando não acreditamos em nós mesmos. Em momentos difíceis, sugiro que se apegue às coisas que o enchem de esperança, sejam elas as pessoas que te apoiam, sua religião ou sua capacidade de fazer um bom trabalho. É imprescindível gravitar ao redor de tudo aquilo que o mantém centrado, conectado e inspirado. Essas coisas certamente te reerguerão. Minha fé me lembra de quem eu sou e me proporciona uma conexão com os membros da minha comunidade religiosa e com fiéis em geral. Conto com a minha fé para me tranquilizar e me trazer esperança.

A VIDA NEM SEMPRE
SERÁ DO JEITO QUE
A GENTE QUER.
ABRACE-A MESMO ASSIM.

Eu aprendi que a vida é imprevisível — e é bem mais saudável deixar as coisas acontecerem e ter fé de que tudo vai funcionar do jeito que deve ser. Sempre que estou com medo e começo a me deixar levar por pensamentos negativos, como só considerar "a pior das hipóteses", minha fé me mantém ancorada. Ela me ajuda a abrir mão do que não posso controlar. Contanto que eu saiba que fiz tudo o que pude, minha fé me tranquiliza quando a dúvida se manifesta. Esse pensamento é particularmente reconfortante para mim, porque muitas vezes sinto a necessidade de controlar tudo, desde situações sociais até a trajetória da minha carreira, e se algo não sai como eu quero, pode virar um gatilho para a minha ansiedade.

TODOS FOMOS COLOCADOS NO PLANETA COM UM PROPÓSITO.

Eu poderia ter trilhado vários outros caminhos, e havia várias outras coisas pelas quais me interessava. Mas fui atraída pela atuação desde criança: compartilhar histórias e criar personagens que se conectam com — e talvez até inspirem — o público. Através das histórias, do riso e do entretenimento tive a chance de disseminar o amor e a luz que são tão importantes para mim. Atuar me ofereceu a plataforma e oportunidade de usar a minha voz para o bem: para aumentar a conscientização a respeito de causas dignas de atenção e compartilhar conselhos empoderadores com os meus fãs.

Se algo não funciona do jeito que você quer, é porque ainda não é o seu propósito e, mais cedo ou mais tarde, você vai encontrá-lo. Basta ter fé.

REZE COM O CORAÇÃO ABERTO E COM INTENÇÕES SINCERAS.

Toda vez que me dizem para rezar por alguma coisa que me beneficie, sempre sou honesta comigo mesma e identifico minhas verdadeiras intenções primeiro. Já testemunhei muita gente que segue uma religião e tem o hábito de rezar, mas não se dedica realmente a isso. A oração é uma maneira de ampliar sua fé através de uma conversa e compreensão profundas. Eu procuro rezar com autenticidade e gratidão, além de manter minha mente aberta em minha busca por orientação. Quando eu era mais nova, minha mãe incentivou a mim e a meus irmãos a rezar todas as noites. Essa acabou se tornando uma atividade à qual eu dava pouco valor. Comecei a rezar por coisas sem muita importância, tipo um novo par de sapatos ou um bom desempenho numa prova. A oração virou uma lista de desejos. Certo dia, minha mãe me lembrou de que eu não precisava pedir por nada quando rezava. Eu podia simplesmente conversar com Deus. Para o mês seguinte, estabeleci uma meta de rezar todas as manhãs e todas as noites. Eu contava a Deus sobre o meu dia, compartilhava meus altos e baixos e levava em conta em quais aspectos eu precisava de orientação. No fim daquele mês, eu já me sentia mais próxima de Deus do que nunca.

VALORIZE SUA FAMÍLIA

MINHA FAMÍLIA É
A BASE DA MINHA
HISTÓRIA.

É muito comum nos concentrarmos em bens materiais e problemas superficiais, mas, no fim das contas, a vida gira em torno da nossa família — a de sangue ou a que escolhemos. Minha família é tudo para mim, meus pais e irmãos estão do meu lado como ninguém, me ouvindo, me apoiando e me lembrando de quem sou e de onde eu vim. Tenho duas irmãs mais velhas, um irmão mais velho, um irmão mais novo e uma irmã mais nova — como somos seis, já ouvi de *tudo*. A gente conversa sobre qualquer assunto, desde saber quando se arriscar na carreira até entender se um cara está fazendo joguinho. Não passo tanto tempo com a minha família quanto eu gostaria porque estou sempre trabalhando e só posso fazer a viagem para casa a cada poucos meses. Por mais que estejamos separados, vivo ligando e mandando mensagens, além de usar o FaceTime para ver como estão as coisas. Para mim, é importantíssimo me manter conectada com eles. Mas nada supera voltar para casa por alguns dias, descansar, sair com todo mundo, jogar futebol e ir à igreja.

FAMÍLIA PODE SER O QUE VOCÊ QUISER QUE SEJA.

Todo mundo tem parentes de sangue, mas também é importante construir uma família com amigos que possam estar ao seu lado quando sua outra família estiver distante ou inacessível. Não é porque seus amigos não possuem laços de sangue com você que são menos significativos. Como passo muito tempo longe da minha família, construí outra em Los Angeles que amo de verdade e sei que vai estar na minha vida para sempre. Meu principal grupo de amigos, que conheci nos meus primeiros anos de trabalho na televisão, são as pessoas a quem recorro quando preciso de conselhos sobre decepções amorosas, estresse profissional e, até mesmo, grandes crises existenciais, de tempos em tempos. O meu estilista, Enrique Melendez, é como um irmão mais velho protetor, que sempre cuida de mim. Meu colega de elenco de *A irmã do meio*, Isaak Presley, e seu pai, Lou, também são como uma família para mim. E, é claro, Kayla Maisonet é como uma irmã, sempre presente para desabafos e lamentos. Passamos muito tempo juntos conversando sobre as pressões da nossa carreira. Eles estão por perto para chorar, rir, festejar e me abraçar quando minha família parece distante.

APRENDA A ACEITAR
AJUDA E SACRIFÍCIOS
DA SUA FAMÍLIA E
ACREDITE QUE ELES
AGEM POR AMOR.

Sempre que começo a questionar a minha carreira, penso nas coisas de que minha família está abrindo mão para que eu possa correr atrás do meu sonho. Minha mãe faz um enorme malabarismo entre minha carreira, o trabalho dela e as demandas do resto da família. Ela já fez tanto e tem sido uma fonte tão grande de força para mim — e para todos os meus irmãos — que sinto que nunca serei capaz de expressar direito minha gratidão. Se minha família está satisfeita com o jeito como as coisas estão, então só posso agradecer por todo o apoio altruísta e fazer o meu melhor com aquilo que posso controlar. Pode ser difícil aprender a aceitar a ajuda e o sacrifício da sua família e confiar que eles agem por amor. Eu sei que faria absolutamente qualquer coisa pela minha família, e é lindo saber que eles fariam o mesmo.

NÃO HÁ NADA
COMO O VÍNCULO
ENTRE IRMÃS.

Não importa onde eu esteja na vida, sei que minhas irmãs estão sempre ao meu lado. Elas são tipo melhores amigas inerentes. Estaremos juntas para sempre e apoiaremos umas às outras, mesmo quando não concordarmos completamente. Posso contar qualquer coisa às minhas irmãs. Sei que posso ligar, mandar mensagem ou chamar qualquer uma delas no FaceTime para dividir o que está acontecendo comigo, desabafar sobre frustrações ou fofocar e falar sobre crushes. Vocês sabem quantas vezes já conversei com as minhas irmãs sobre se um cara vale a pena? *Muitas.* Somos diferentes de várias formas, mas, mesmo assim, apoiamos umas às outras, não importa o que aconteça. Sou muito grata por minhas irmãs me procurarem quando estão com problemas e tento ser um porto seguro para elas, oferecendo muita empatia e conselhos.

AS TRADIÇÕES FORMAM MEMÓRIAS, AMOR E ESTABILIDADE.

Na cultura latina, dá-se muita importância a se manter conectado às tradições familiares. Em parte, é uma forma de homenagear os parentes que já se foram. Sei que nem todo mundo gosta disso, mas nós mantemos as tradições pela história e também por serem divertidas. Amo saber que teremos nossas tradições ao longo do ano e me traz muito conforto comemorar feriados e cozinhar refeições juntos, sejam os tamales que fazemos todo Natal, a grande reunião familiar a cada Páscoa ou os aniversários celebrados em família. Nossas tradições nos mantêm centrados — não importa o quanto a gente mude ou as dificuldades que enfrentemos, sempre podemos recorrer a esses pontos de referência familiares e nos sentir amados.

FAMÍLIA SIGNIFICA
PRIORIZAR A FELICIDADE
E O BEM-ESTAR DE
OUTRA PESSOA.

Às vezes, quando considero a profundidade do amor e do apreço que sinto pela minha família, me sinto impactada. Nos momentos em que meu amor por eles me impressiona, sei que faria qualquer coisa pela minha família. A felicidade deles é essencial para mim. Tenho certeza de que é assim que meus pais se sentem em relação a todos os filhos, e sou muito abençoada por fazer parte da minha família.

Priorizar a felicidade da família — e até mesmo dos amigos próximos — em detrimento da sua é uma característica nobre e altruísta... até certo ponto. Também pode ser desgastante. Fico muito feliz em saber que meus amigos ou irmãos podem recorrer a mim e se sentem confortáveis o bastante para pedir ajuda com os próprios problemas. Mas, ao mesmo tempo, eu dedico tanta energia a estar disponível para as outras pessoas que às vezes não cuido direito de mim mesma. Tenho me esforçado para aprender a ser mais seletiva com a distribuição da minha energia. Por mais que eu queria estar presente na vida de todos, não é possível, nem saudável, estar disponível emocionalmente o tempo inteiro.

NENHUMA FAMÍLIA
É PERFEITA, MAS
MUITAS VEZES ELAS
SÃO ACIDENTALMENTE
LINDAS.

Nem sempre nos damos bem com a nossa família, e certamente todos nós somos imperfeitos à nossa maneira. Todo mundo lida com o próprio estresse e insegurança e tenta chegar ao fim do dia ou da semana da melhor maneira possível. Mas, não importa o que esteja acontecendo, minha família sempre estará presente. O jeito como nos amamos e damos apoio uns aos outros incondicionalmente é muito positivo. Não importa a configuração da sua família, e com certeza uma família não precisa ser tradicional ou biológica para que seja valiosa.

TODO RELACIONAMENTO TEM ALTOS E BAIXOS — INCLUSIVE OS FAMILIARES.

Ninguém é perfeito e, às vezes, até irmãos podem discordar, se distanciar e então seguir caminhos diferentes. Pode ser doloroso e frustrante, mas precisamos lembrar que as famílias se amam e estão conectadas de forma inviolável. No momento, eu e meu irmão mais velho não estamos muito bem. Não o vejo há quase um ano, o período mais longo que já passamos sem nos encontrar. Na verdade, tivemos uma discussão ano passado relacionada a priorizar a família. Quando ele entra em contato, não parece de fato interessado em conversar comigo; pelo contrário, ele tem os próprios interesses. Conforme o tempo vai passando, vamos perdendo cada vez mais eventos e acontecimentos marcantes. Mas, mesmo assim, sem sombra de dúvida, sei que nós ainda nos amamos e faríamos qualquer coisa um pelo outro. Às vezes, o melhor é amar nossos familiares a distância, por mais doloroso que seja.

SUA ORIGEM É APENAS UM LUGAR. LAR É ONDE ESTÁ A SUA FAMÍLIA.

Por mais que eu ame o deserto de onde venho, e por mais que a casa da minha família tenha imenso valor sentimental, é apenas um lugar. Lar é onde minha família está, onde me sinto incondicionalmente aceita, amada e desafiada a ser a melhor versão de mim mesma, ser meu verdadeiro eu. Se estou no set ou viajando a trabalho, seja na Califórnia, na Espanha ou na Ásia, e minha família vem me visitar, me sinto em casa. Meus pais, meus irmãos e minha família de escolha, pessoas que me entendem melhor do que eu mesma, são tudo que preciso para me sentir confortável em qualquer espaço. Lar é onde estão as pessoas que te entendem, onde você se sente à vontade, seguro e amado porque está com elas.

A FAMÍLIA É UMA DAS MAIORES INFLUÊNCIAS SOBRE QUEM NOS TORNAMOS.

A família é a base de quem somos e influencia de várias maneiras a forma como enxergamos o mundo. Minha família moldou meus valores e crenças, sem dúvida. Quero enchê-los de orgulho, e isso afcta como eu trato as pessoas e como me comporto. Por outro lado, já vi amigos que tinham um relacionamento difícil com a própria família ou passaram por uma infância desafiadora e usaram essas experiências para se tornarem ainda mais fortes, resilientes e compassivos. À medida que cresço e conheço mais pessoas, meu mundo vai se expandindo. Sinto que todos aqueles com quem interajo influenciam minha vida e meu caráter de alguma forma. Essas experiências fortalecem a base já sólida que minha família incutiu em mim.

ALGUNS AMIGOS VÊM E VÃO. A FAMÍLIA É PARA SEMPRE.

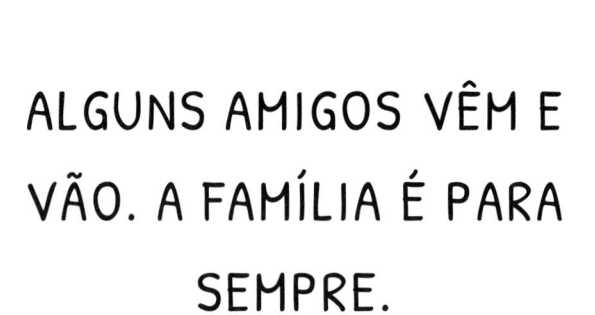

Não importa como você defina sua "família" — pode ser um círculo familiar pequeno ou extenso, ou amigos que se tornaram sua família —, ela sempre vai estar ao seu lado. Mesmo se eu fizesse a maior besteira possível, minha família ainda me apoiaria, enquanto amigos podem se afastar. Quando passamos por dificuldades é que de fato entendemos como a família é importante. São essas as pessoas que largam tudo e correm para nos ajudar nos momentos em que mais precisamos. Tenho muita sorte nesse quesito e agradeço a Deus todos os dias pelos meus familiares.

ARRISQUE

ARRISCAR É A ÚNICA
MANEIRA DE CRESCER.

A beleza da vida está no desconhecido, e nunca se sabe o que somos capazes de realizar até tentarmos. Pode ser assustador e desconfortável se expor, mas é correndo riscos que a gente cresce.

Atores precisam chorar sob demanda, mas, depois de ter passado anos trabalhando em uma série da Disney, eu estava meio enferrujada. Quando começaram as filmagens da segunda temporada de *Você*, eu sabia que teria que chorar. E não era uma simples lagriminha. Era uma cena física, bastante intensa. Fiquei tão estressada com isso que tive dificuldade de entrar na cena e me conectar com as emoções da personagem. Eu estava com medo de apostar todas as fichas e com vergonha de meus novos colegas acharem que eu estava exagerando na atuação ou forçando a barra. Eu respeitava tanto os atores ao meu redor que estava com medo do que eles pensariam sobre a minha performance. Mas, quando finalmente me permiti desapegar e simplesmente aproveitar o momento, tudo deu supercerto. É a cena que mais me dá orgulho de todo o projeto.

TEMOS MAIS SUCESSO
QUANDO SAÍMOS
DA NOSSA ZONA DE
CONFORTO.

Com exceção de um pequeno papel em uma montagem escolar de *Peter Pan*, eu não tinha nenhuma experiência em teatro quando fiz uma audição no Radio City Music Hall. A oportunidade de fazer o papel principal no *New York Spectacular Starring the Radio City Rockettes* apareceu e, em pouco tempo, eu já estava em um avião a caminho de Nova York. Adoro dançar, mas não sou uma dançarina profissional. As outras pessoas que fizeram a audição tinham experiência na Broadway e pareciam muito mais confortáveis aprendendo a coreografia na hora. Eu estava meio: "Ei, a gente não tinha que botar uma câmera aqui e fazer tudo vinte vezes?" Eu estava tão fora da minha zona de conforto que minha única alternativa foi me render e dar tudo de mim sem pensar demais. Como se isso já não fosse estressante o suficiente, os produtores não estavam conseguindo me ouvir direito. Eu sou bem quietinha e, no teatro, temos que projetar a voz para que chegue até a última fileira de assentos. Eles me pediram para ficar no fundo de uma enorme sala de ensaio e fazer minha voz alcançar o outro lado do recinto. Eu tinha duas opções: podia remoer cada detalhe ou desapegar e seguir em frente. Cantei com todo o meu coração; dancei desenfreadamente; projetei minha voz até a Costa Oeste, porque foi isso que eles me pediram para fazer.

No fim das contas, consegui o papel e me mudei para Nova York, onde morei por três meses. Eu não trocaria essa experiência por nada no mundo e ainda foi o momento mais fora da minha zona de conforto que já vivi.

PREFIRO TENTAR E FALHAR DO QUE NUNCA ME ARRISCAR.

O fracasso, por mais que traga sensações péssimas, é parte crucial da melhoria e do aprendizado. Minha mãe vive me lembrando de que este é o momento de cometer erros. Sou jovem, ainda estou aprendendo e ninguém espera que eu seja perfeita (a não ser, talvez, eu mesma). É nesta fase da vida que devemos abraçar os erros e usá-los como ferramentas para melhorar. Há muito potencial na humildade e na receptividade. Quero trabalhar para ser a melhor pessoa possível e a melhor profissional na minha área.

Aprendi a importância de tentar e falhar recentemente, quando estava concorrendo a um papel importantíssimo no cinema. Fui chamada para a segunda etapa e fiquei muito preocupada com a dimensão do projeto, a visibilidade do papel e o quanto exigiria da minha agenda e da minha família. Eu remoí *cada detalhe*. Simplesmente não consegui aguentar o estresse, então agradeci a todos e me retirei. Outra atriz ficou com o papel e foi um passo enorme para a carreira dela. Assim que vi o projeto finalizado, fiquei impressionada com a atuação, mas não pude deixar de imaginar o que eu teria feito no papel, como esse trabalho teria mudado a minha vida, como seria um universo alternativo comigo no filme. Agora, sei que é importante simplesmente me arriscar e ver o que acontece.

É PRECISO TENTAR COISAS DIFERENTES PARA DESCOBRIR O QUE FUNCIONA MELHOR PARA VOCÊ.

Atores utilizam várias experiências ou técnicas para fortalecer a própria performance. Esses modos de trabalhar, de atuar, abarcam uma gama enorme de habilidades. Existe a técnica Meisner, que requer que o ator esteja com a cabeça totalmente livre para reagir só por instinto. Existe também a atuação de método, que acontece quando o ator está tão imerso no personagem que age como ele até mesmo quando as câmeras estão desligadas e tenta viver completamente a vida como o personagem. Aprendi muita coisa observando as pessoas talentosas com quem trabalho. Penn Badgley é um ator incrível com quem adorei trabalhar na série *Você*. Ele é bem tranquilo e descontraído longe das câmeras, e seus maneirismos durante as gravações são impecáveis, naturais. Gosto muito de observar e aprender com outras pessoas, pois nunca se sabe o que pode funcionar para o seu próprio trabalho.

Tentar e cometer erros é uma das melhores maneiras de aprender. Por outro lado, requer tempo e paciência. Já vi atores usarem técnicas que não estou acostumada e cheguei até a testá-las. É um bom jeito de diversificar minhas habilidades de atuação e descobrir de quantas maneiras diferentes posso chegar a uma performance que me agrade. Certa vez, experimentei um novo método numa cena, e o diretor veio até mim e disse: "Jenna, eu não sei o que você está fazendo, mas não é por aí!" *Então tá!* Na mesma hora mudei de estratégia e deixei de lado aquela técnica específica em prol do meu método mais familiar.

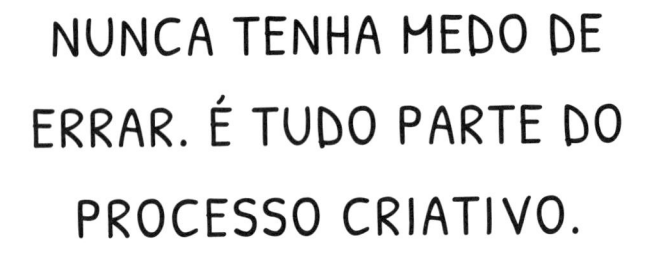

NUNCA TENHA MEDO DE ERRAR. É TUDO PARTE DO PROCESSO CRIATIVO.

Uma das melhores formas de se conhecer é experimentar coisas novas. Quando desapegamos e participamos de diferentes atividades, aprendemos mais sobre nossos gostos e podemos até descobrir uma paixão.

É bom poder atuar cantando e, quando eu era mais nova, adorava soltar a voz. (Cheguei até a participar do show de talentos da minha escola, no quarto ano.) Na época em que eu fazia aulas de canto, treinava com músicas de teatro musical porque elas fortalecem as cordas vocais — o que fez com que eu me afeiçoasse a musicais. Essas aulas me levaram a valorizar a música numa escala mais ampla e me ensinaram sobre um mundo totalmente novo dentro da minha profissão.

Quanto mais eu cresço, mais percebo que cantar não está entre meus desejos, no entanto acredito piamente que todo mundo deveria experimentar o maior número possível de atividades e ter o hábito de se permitir ser livre e criativo.

ÀS VEZES,
MENOS É MAIS.

Os produtores dão feedback na hora, na sala de audição, então é preciso se dar espaço para adaptar sua performance e trabalhar nas observações deles. Se eu analiso demais cada detalhe, se fico muito presa a como eu ensaiei, não consigo me adaptar ao feedback passado. Essa prática se traduziu bem em outras áreas da minha vida, onde tenho propensão a pensar demais e tentar controlar tudo. Quando se trata de conhecer novas pessoas, assumir riscos em um novo projeto ou um relacionamento profissional, ou até me preparar para um papel, eu tento ouvir meus instintos também. Esteja preparado, sim, mas também permita-se ser você mesmo.

É IMPORTANTE PERDOAR, MAS ISSO NÃO SIGNIFICA QUE A GENTE PRECISE ESQUECER.

Não é bom remoer raiva e energia negativa após uma briga com um amigo ou um parceiro romântico. É melhor deixar para lá e consertar o relacionamento ou então superá-lo. Mas nunca se esqueça das lições aprendidas no processo.

Quando um garoto com quem eu estava conversando começou a forçar muito para a gente sair, falei com ele que estava me sentindo desconfortável. Deixei claro que éramos só amigos, mas ele não parava de expressar que queria mais do que isso. Tentei dizer da maneira mais didática possível que não estava interessada em ter um relacionamento romântico com ele, mas o cara não parava de insistir. Foi então que eu decidi que precisava acabar com a amizade. Eu sabia que a minha opinião sobre ele estava certa e precisava seguir minha intuição.

SEMPRE EXISTIRÃO
HATERS.

Há alguns anos, eu estava em uma festa da Disney em Los Angeles e encontrei outra atriz conhecida. Não sei o que ela tinha contra mim, mas se mostrou bem agressiva, tentando criar uma briga por qualquer motivo. Eu dizia alguma coisa e ela fazia questão de dizer o oposto. Mais tarde, quando Skai Jackson chegou, nós batemos um papo antes de ela ir cumprimentar essa outra garota. Quando olhei de relance para as duas, a tal atriz estava cochichando no ouvido de Skai enquanto olhava diretamente para mim. Skai não falou mais comigo pelo resto da noite. Meses depois, Skai e eu finalmente nos sentamos e esclarecemos tudo. A gente percebeu que essa garota, que nenhuma de nós conhecia muito bem, estava tentando sabotar nossa amizade. Desde então, voltamos a ser boas amigas. Não é engraçado que as mesmas situações mesquinhas e juvenis possam acontecer no ensino fundamental *e* em Hollywood?

 Nós nem precisamos fazer nada contra uma pessoa para que ela não goste da gente. Qualquer que seja a implicância dela, diz respeito à garota e a mais ninguém. Algumas pessoas têm inseguranças e não conseguem ser plenamente felizes. Sugiro incluí-las nas suas orações, enviar-lhes amor e tentar sentir empatia pelo que quer que estejam passando.

NÃO HÁ EVOLUÇÃO
SEM ADVERSIDADE.

Sempre tive medo de me arriscar. E, no entanto, a carreira que escolhi envolve muitos riscos! Se a gente não sai e não tem novas experiências, nunca vai aprender nada ou evoluir. Fosse uma dificuldade em um relacionamento ou em uma questão profissional, aprendi algo com todas as minhas experiências, boas e ruins.

Alguns anos atrás, um cara que eu estava namorando traiu minha confiança e aquilo me pegou de surpresa. Por mais difícil que a experiência tenha sido — e pode acreditar, eu fiquei muito triste e magoada —, hoje sou muito grata. Aprendi o valor de confiar nos meus instintos. Eu já estava sentindo uma energia estranha dele, que havia dito coisas bem suspeitas, como o fato de que gostava de "manter as opções em aberto" quando se tratava de relacionamentos. Apesar das minhas reservas, baixei a guarda. Afastei aquela vozinha interior que me alertava que tinha algo estranho ali. Desde então, me apeguei a essa lição.

ACEITE
SEUS ERROS.

Desde que me entendo por gente, sou uma perfeccionista. Ainda me lembro de uma prova de matemática que fiz no segundo ano do fundamental, em que errei uma questão. Foi a primeira vez na vida que não gabaritei uma prova e passei boa parte do dia aos prantos. Minha mãe me deu uma bronca que eu precisava ouvir, me lembrando de que nem tudo vai ser perfeito o tempo todo. Essa lição foi crucial e ainda me atenho a ela.

Cometo erros o tempo todo e aprendi a lidar com eles com dignidade. Porém, mais do que isso, me esforço para aprender com eles. Quando comecei a trabalhar como atriz e errava uma fala durante a gravação de uma cena, eu entrava em pânico e surtava. De lá para cá, tenho me esforçado para lidar com meus erros com mais calma. Costumo perguntar a mim mesma: *o que posso aprender com isso?* Em alguns casos, mudo a forma como executo a cena ou enuncio a fala de um jeito diferente. Às vezes sai ainda melhor do que da primeira vez.

ESTEJA O MAIS
PREPARADO POSSÍVEL
PARA TUDO QUE
POSSA ACONTECER.

Aprendi muito sobre preparação e me esforço para chegar todos os dias pronta para dar o meu melhor. Durante os ensaios, penso em cinquenta maneiras diferentes de dizer minhas falas para que eu possa ter diversas opções para usar no momento. Também comecei a fazer exercícios vocais e aquecimentos para ficar mais preparada. (Parece besteira, mas falar o dia todo é cansativo!) Os errinhos que cometi ao longo do caminho me ensinaram a me preparar melhor e me ajudaram a me arriscar mais nas minhas atuações. Eu os uso a meu favor, para que eu esteja bem preparada e confiante na próxima vez, por mais que eu erre.

ACREDITO EM
SEGUNDAS CHANCES.
TODOS MERECEMOS
A OPORTUNIDADE DE
APRENDER COM
NOSSOS ERROS.

Estamos em constante mudança e evolução e todos nós merecemos a chance de nos aperfeiçoar. A pessoa que eu era há três anos é bem diferente da pessoa que sou agora porque aprendo mais sobre mim mesma e sobre o mundo ao meu redor a cada dia. Isso vale para todo mundo, independentemente da idade. Todos vivemos aprendendo, explorando e descobrindo quem somos e o que funciona para nós. Ninguém é perfeito, e estamos apenas fazendo o nosso melhor. Quando não damos uma segunda chance a alguém e guardamos rancor, nos apegamos a essa energia negativa. Eu não gosto de perder tempo ou energia com negatividade dessa maneira. Caso uma amiga erre e aprenda com isso, se ela for capaz de reavaliar a situação e melhorar, eu a respeito e sigo em frente com a nossa amizade. Isso não é o mínimo que podemos pedir de alguém? Sempre que cometo um erro e aprendo com ele, espero que a outra pessoa me conceda a mesma chance.

DESAFIE O *STATUS QUO*. VOCÊ TEM O CONTROLE SOBRE A SUA HISTÓRIA. COM MUITO TRABALHO E DETERMINAÇÃO, O QUE IDEALIZA PARA SI PODE SE TORNAR REALIDADE.

Consegui o papel de Harley contra todas as probabilidades: eu estava fazendo uma audição para uma personagem descrita como loira de olhos azuis e, no primeiro teste, eu era a única latina presente. Mas, antes que alguém fosse escalado para o papel, o Disney Channel decidiu que precisava trabalhar no roteiro e suspendeu as audições.

Logo depois, a Disney me chamou para participar de uma oficina para atores promissores, em que trabalhávamos em roteiros em desenvolvimento e apresentávamos para executivos da emissora. Quando nos entregaram o roteiro de *A irmã do meio*, eu soube que poderia ser minha chance de conseguir o papel! Eles chegaram até a mudar a etnia da personagem. No entanto, me pediram para fazer dupla com uma garota que fora chamada para interpretar a Harley, e eu fui convidada para improvisar o irmão dela. Mas imaginei que, se fizesse um bom trabalho como o irmão, talvez eles me escalassem para a próxima série. Imagine minha surpresa quando eles retomaram a procura para o elenco e me chamaram para fazer uma audição para ser a Harley. Meu trabalho árduo e a disposição para me dedicar a outro papel me renderam um convite para voltar.

Por mais que, a princípio, houvesse uma barreira racial, eu persisti e provei o meu valor. Conquistei aquele lugar. Com dedicação e determinação, aquilo que você idealiza para si pode se tornar realidade. Aceite as críticas, as portas fechadas e a falta de incentivo e use tudo isso como combustível.

PRIORIZE-SE

TIRAR UM MOMENTO
PARA APRECIAR
AS COISAS BOAS
MUDA TUDO.

Minha mãe nos criou para não reclamar. Uma prima de quem sou muito próxima ficou doente sem mais nem menos, quando éramos mais novas. Ela teve que passar muito tempo no hospital e foi uma época delicada. Felizmente, ela sobreviveu, e todos ficamos bastante gratos por isso. Certa noite, depois de ter passado o dia com ela no hospital, olhei ao redor. Todos os membros da minha família próxima estavam sentados ali, saudáveis e felizes. E eu estava frequentando a escola, vendo meus amigos e tendo a chance de correr atrás do meu sonho de atuar. Eu precisava tirar mais momentos como aquele, para apreciar as coisas boas e tudo o que eu tinha. Depois que fiz isso, me tornei uma pessoa mais feliz e equilibrada.

NUNCA ABRA MÃO
DAQUILO QUE
TE INSPIRA.

Quando me sinto triste ou perdida, gosto de registrar meus pensamentos em um diário. Faz um bom tempo que escrever tem sido um conforto e uma válvula de escape criativa para mim. Recentemente, achei um caderno com minhas antigas redações da escola e fiquei orgulhosa ao me lembrar de como eu amava escrevê-las e organizá-las. Quando estiver para baixo, encontre o que conecta você à sua infância ou à sua família. É como ir a um lugar favorito da sua infância ou visitar um velho amigo. A experiência revela grandes memórias e nos inspira a criar novas.

Agora, toda vez que estou triste, pego um caderninho e começo a escrever o que me vem à cabeça, de pensamentos inspiradores a anotações cotidianas e contos inteiros. Isso sempre faz com que eu me sinta criativa e me lembre da minha essência.

QUANDO ESTAMOS
OCUPADOS DEMAIS
AGRADANDO AOS OUTROS,
NOS ESQUECEMOS
DE AGRADAR A
NÓS MESMOS.

Adoro agradar a todo mundo e, quando eu era mais nova, costumava pôr a felicidade dos outros na frente da minha. Quando eu tinha doze anos, fui contratada para uma sessão de fotos para uma revista, uma das primeiras que fiz. Eu estava empolgadíssima. Mas, quando cheguei e os estilistas abriram o moodboard e me mostraram as roupas que eu ia vestir, já saquei que não seria a experiência que tinha imaginado. As roupas não tinham nada a ver com o meu estilo, e eu não me sentia confortável usando aquilo. Eram peças bem femininas — muito rosa, florais, babados e peles, com saltos altíssimos. Não me representava.

Quando as fotos saíram na revista, semanas mais tarde, vi o resultado e chorei. Minha família ficou frustrada. Meus irmãos questionaram: "Por que você deixou eles te convencerem a usar essas roupas?" Era óbvio que eu deveria ter dito alguma coisa na hora. Tive medo de que eles ficassem com raiva de mim, mas, até onde sei, eles teriam trabalhado comigo na criação de algo de que eu me orgulhasse. Em cada oportunidade, represente-se bem e saiba o que você se sente confortável fazendo.

TRABALHE MUITO E DESCANSE MUITO.

Estou com dezessete anos e acredito que posso cuidar de tudo sozinha. Só que priorizar o descanso é um desafio para mim, e preciso ouvir minha mãe quando ela me lembra de dedicar um tempo a mim mesma. Nos últimos meses, tenho trabalhado com um cronograma apertado e muito agitado, e minha mãe percebeu que isso estava me afetando. Ela ligou para minha melhor amiga, Kayla, e combinou com ela de sairmos juntas — para ir à academia e depois jantar fora — em um dos meus dias de folga. Depois de passar um tempo com Kayla e receber uma boa dose de endorfina do nosso treino, o estresse com o qual eu vinha convivendo havia meses desapareceu. Eu nem percebi que estava *tão* estressada assim, mas minha mãe sabia.

Dê a si mesmo um tempinho para descansar. É tão importante quanto suas tarefas. Quando faço várias coisas ao mesmo tempo, muitas vezes me sinto culpada por descansar. Mas finalmente aprendi que o equilíbrio é essencial.

PEDIR AJUDA É
UM SINAL DE
GRANDE FORÇA.

Muitos de nós tentamos ser fortes e estoicos, relutantes a admitir que algo está errado. Quando passei por um momento bastante difícil da minha vida, levei um ano inteiro para assumir que precisava de ajuda para superá-lo.

Passei meses triste, me criticando o tempo inteiro e me sentindo apática a respeito de coisas que, em geral, me animavam. Depois, comecei a ter dificuldade para sair da cama, pentear o cabelo e me vestir — eu não via propósito. É desanimador sentir que estamos apenas levando a vida com indiferença. Meus pais me incentivaram a procurar terapia, mas recusei, pois achava que estava sendo dramática demais. Eu me culpava por não ser mais forte ou mais resiliente.

Então, veio a noite em que eu estava deitada sozinha na cama, chorando aparentemente sem motivo. Peguei meu diário para ver o que eu tinha escrito ao longo do ano anterior. Ao reler as anotações, percebi como elas eram dolorosamente tristes. Foi um sinal de alerta.

Quando enfim fui a uma terapeuta e ela usou o termo "depressão", me senti levando um soco no estômago. O problema se tornou real naquele momento. Também senti um grande alívio por não ter que me preocupar com estar sendo dramática — eu estava lidando com um transtorno mental. Era assustador, mas foi importante poder dar um nome ao problema. Mesmo depois da primeira sessão de terapia, e apesar do desconforto que senti por me abrir, fiquei feliz por estar fazendo algo a respeito.

BUSQUE OS PEQUENOS MOMENTOS DA VIDA. ENCONTRE TEMPO PARA DESCOBRIR A BELEZA E A PAZ NELES.

Cuidar de si é fundamental — seja emocionalmente, mentalmente ou fisicamente. Você tem apenas uma vida e apenas um único corpo. Amo trabalhar, então posso ter dificuldade de me concentrar em mim mesma. É fácil focar minha energia no trabalho, na escola e em um milhão de tarefas diferentes. Mas estou começando a buscar os momentos bonitos da vida. Sinto que há uma pressão sobre todos nós para estarmos sempre "ativos", por causa das redes sociais e pela forma como todos parecem ter uma vida perfeita. Eu me esqueço de ouvir os sinais do meu corpo e de me dar o que preciso. Estou me esforçando para melhorar nesse aspecto. Ontem à tarde, eu estava encerrando meu dia de trabalho quando percebi que o sol estava se pondo. Calcei os sapatos e fui correndo até um lugar no meu bairro aonde ia com minha melhor amiga de infância. Sentei no chão, coloquei uma música para tocar e assisti ao pôr do sol. Foi perfeito.

Aproveite essas oportunidades sempre que puder. Encontre a beleza e a paz em pequenos momentos todos os dias. Todos vivemos na correria, e desconectar e reservar um tempinho para fazer poses de ioga, escrever em um diário, ouvir música ou passear pode ser muito útil para nos mantermos saudáveis e centrados. É assim que nos reconectamos com nós mesmos e com o mundo à nossa volta.

SEJA ESPONTÂNEO.
NÃO TENHA MEDO DE SE
SOLTAR, RIR E FAZER
PALHAÇADAS.

As melhores noites quase sempre são as espontâneas. Eu vivo planejando cada detalhe e sou superorganizada com a minha agenda, então deixar a noite me levar é uma das minhas maneiras favoritas de passar o tempo. É quando consigo desligar o cérebro e aceitar as coisas do jeito que elas acontecem. Adoro quando meus amigos me ligam e avisam: "Busco você em dez minutos." A gente sai e roda de carro até decidir o que fazer: comer em algum lugar, jogar minigolfe ou fazer um programa aleatório, tipo visitar uma casa mal-assombrada em época de Halloween ou ir a um *escape room*. Isso me ajuda a aproveitar o momento e não levar nada muito a sério. Meus amigos despertam a pessoa extrovertida e brincalhona que existe em mim e me ajudam a relaxar. Algumas das minhas lembranças favoritas envolvem ir a um parque na cidade com meus amigos e simplesmente correr, gritar, rir e perseguir uns aos outros. Para mim, liberar espaço no cérebro para se divertir, relaxar e recarregar as energias é muito valioso.

É POSSÍVEL GANHAR MAIS DINHEIRO, MAS NÃO MAIS TEMPO.

Recentemente, me ofereceram um papel num filme que me deixou empolgada. Eu estava terminando de filmar na Espanha durante parte do verão e estava morrendo de vontade de voltar para casa e visitar a minha família, que eu não via fazia três meses. Com essa nova proposta, eu precisaria voltar direto para o trabalho sem vê-los. Era uma grande oportunidade e fiquei muito grata por ela, mas eu sabia que precisava me reconectar com minha família e meus amigos. Eu sentia que isso era uma prioridade maior para mim. Por mais que eu ame o meu trabalho e por mais que eu dê o meu melhor em tudo que faço, minha prioridade número um é Deus, depois a família, os amigos e os estudos.

É comum que jovens atores trabalhem o tempo inteiro e aceitem todas as oportunidades que aparecem. Mas eles se esquecem de que há coisas mais importantes na vida do que o trabalho. Atuar é um trabalho difícil por ser muito inconsistente, e é difícil parar a roda quando ela está girando. Mas é preciso se controlar. E é importante sempre ter um motivo para aceitar um novo trabalho. Dessa forma, você valoriza suas escolhas e seleciona os projetos com os quais se identifica e que estejam de acordo com seus valores e os objetivos para sua carreira. Encorajo todos vocês a pensarem no motivo por trás de suas atitudes e a se perguntarem: *vale a pena?* Porque, no fim das contas, sua saúde mental e seu bem-estar são fundamentais.

PARA OUVIR O QUE SEU CORPO PRECISA, PRIMEIRO É PRECISO FICAR EM SILÊNCIO.

Eu costumava achar que descansar era perda de tempo, porque eu só queria trabalhar. Preciso sempre lembrar a mim mesma que o descanso é essencial para a minha produtividade. Para que eu faça o meu melhor trabalho e permaneça saudável, preciso de um tempo para recarregar as energias. Anoto uma programação para o meu dia no celular e encontro tempo para me deitar na cama e descansar, ou até mesmo para colocar um pouco de música e me sentar no gramado. Reservar um tempo para ficar sossegado é importantíssimo, e demorei um pouquinho para priorizar isso.

Quem não descansa não consegue ficar cem por cento. Se você trabalha tanto que acaba sacrificando seu tempo livre e sua saúde, deveria perguntar a si mesmo se está trabalhando o melhor possível. De que adianta se matar de trabalhar se você não vai ficar feliz com o resultado? Se quiser ser produtivo, eficiente e bem-sucedido, não dá para se esgotar.

ESCUTE SUA INTUIÇÃO E NÃO TENHA MEDO DE DIZER NÃO.

Ultimamente, ando um pouco mais seletiva ao escolher um projeto. Quero construir certo repertório, e se isso significa recusar alguns trabalhos, então é isso que vou fazer, pois meu maior desejo é ser apaixonada pela minha profissão.

Em relação a participar de novos projetos, como um filme importante que poderia alavancar meu reconhecimento, não aceito automaticamente. Se vou investir tanto do meu tempo e da minha energia, deve ser para algo que me dê orgulho pelo resto da vida. Seja seletivo.

O SEGREDO PARA
EVITAR ESTRESSE
DESNECESSÁRIO É
CUIDAR DA
PRÓPRIA VIDA.

O mundo é cheio de problemas e, a menos que se trate de injustiça, bullying ou ódio descarado, muitas vezes é melhor se abster. Você sabe quem é como pessoa e quais são suas intenções, então não se envolva em dramas. Levei um tempão para aprender isso, mas finalmente me dei conta de que só a opinião da minha família importa e a de mais ninguém. Quando o assunto é fofoca e drama social, jamais combata energias negativas com mais energia negativa. Você não vai chegar a lugar algum. Não subestime o valor de escolher o silêncio. Não gaste sua energia pensando na melhor forma de rebater uma crítica. Assim, você acaba se rebaixando. É melhor deixar para lá.

Se você tem grandes planos e sonhos, não vale a pena concentrar sua energia em dramas mesquinhos. É melhor se concentrar nas coisas que te fazem feliz, seus objetivos e suas prioridades. Quando a negatividade inevitavelmente atravessar seu caminho, mostre ao mundo como você lida com ela graciosamente.

É IMPOSSÍVEL CONTROLAR TODA SITUAÇÃO, MAS PODEMOS CONTROLAR COMO REAGIMOS A ELA.

Você é responsável por como reage a situações difíceis. Já tive um problema com uma garota que espalhou boatos falsos sobre mim porque achava que eu tinha um caso com o ex dela. Ela também é atriz em Hollywood: bem-sucedida, poderosa, experiente. Eu nunca a tinha encontrado, e mesmo assim ela estava me boicotando. Espalhou mentiras para amigos em comum e conhecidos da indústria, prejudicando minha reputação e minha capacidade de fazer amigos. Por fim, eu me abri com Enrique, com minha mãe e alguns amigos, e contei o que estava acontecendo. Todos me disseram a mesma coisa: não deixe essa garota afetar sua vida. Senti um peso sair das minhas costas. Eu não tinha como controlá-la ou impedi-la de falar de mim. A única coisa que eu podia controlar era a mim mesma. Embora tivéssemos um monte de amigos em comum, essa garota e eu não tínhamos amizade alguma a manter. Eu só engoli a situação, porque não queria gastar meu tempo e minha energia criando ainda mais drama. Por fim, todos nós seguimos em frente.

Se você reagir a circunstâncias difíceis com uma mentalidade negativa, acabará perdendo o controle e se sentindo vitimizada. Mas, se reage com determinação e positividade, pode tentar consertar a situação. E, se não tiver conserto, você pode esquecer o que não tem como controlar e superar. É impossível impedir as pessoas de exalarem negatividade, mas é *possível* controlar a energia que dedicamos a isso e como a situação afeta nossa vida.

É IMPOSSÍVEL SER
TUDO PARA TODO MUNDO.
SÓ PODEMOS SER
QUEM SOMOS.

Há muita pressão para que os adolescentes se destaquem na escola, abracem seus interesses, se esforcem para ser os melhores e pensem com segurança no futuro. Com acesso a tantas informações, a tantas possibilidades de carreira e ao mundo das mídias sociais e dos influenciadores, pode ser coisa demais para lidar. Temos a bênção de viver em uma cultura em que a individualidade e a peculiaridade são apreciadas e valorizadas. Mas às vezes toda a pressão faz com que o "ser você mesmo" se transforme num trabalho. Eu lutei para administrar meu trabalho como atriz, minhas obrigações escolares e meu desejo profundamente arraigado de me sair bem em ambos. Além disso, eu me preocupava com a minha imagem e com o exemplo que passava aos meus jovens fãs que me seguem nas redes sociais. Eu me estressava com as críticas, com os testes, com o que meus colegas falavam de mim e se eu era digna da carreira em Hollywood. Só depois que de fato me conectei com minha voz interior e com meus instintos comecei a enxergar e a honrar quem eu sou como pessoa, e todo o resto se encaixou. Não era difícil saber o que dizer, o que fazer e o que vestir quando eu estava sendo eu mesma. Se dou ouvidos à minha bússola interior, sempre encontro o caminho certo.

FAÇA O QUE LHE PARECE CERTO E IGNORE PRESSÕES EXTERNAS.

As pessoas que mais admiro são as que quebram barreiras e ouvem o próprio coração, por mais que se sintam pressionadas a fazer as coisas de determinada maneira ou a seguir o rebanho. Ficamos tão absorvidos em tentar nos encaixar que tomamos decisões ruins para receber a aprovação dos outros, ou acabamos todos iguais, abrindo mão da própria individualidade. Nos últimos anos, me esforcei para acreditar em mim mesma e me sentir à vontade para ouvir meus instintos. As autoridades influenciam os jovens a se conformarem: a usar, gostar, ouvir e pensar as mesmas coisas. Mas eu afirmo: siga seu coração. Faça o que lhe parece bom e correto e ignore todo o resto. Vista-se como quiser, ouça as músicas que você ama, independentemente do gosto dos outros, e faça aulas de piano se você sempre quis tocar.

O CORPO É SEU.
É VOCÊ QUE DECIDE O
QUE FAZER COM ELE.

Cada pessoa tem sua visão sobre o que sexo significa. Não há necessidade de se preocupar com as crenças, os valores ou as ideias dos outros. Você sempre vai ter a chance de fazer, quando sentir que está pronto. Só porque os outros transam não significa que você também precise experimentar para ser incluído. No fim das contas, esse assunto é da sua conta, de mais ninguém.

Vai por mim: tenha confiança no que quer que lhe pareça certo. Você não deve a ninguém — nem mesmo à pessoa amada — uma satisfação de por que não quer realizar as vontades do outro. Seja claro e direto ao falar sobre o que você quer. Os dois têm que dialogar, e precisa ser cara a cara.

Se vocês não estiverem em sintonia e a outra pessoa quiser fazer algo para o qual você não está preparado, então talvez cada um precise seguir seu rumo — e está tudo bem.

ACEITE SUA AMBIÇÃO

SUA IMAGINAÇÃO É
SEU SUPERPODER.

Sua imaginação é tudo. Abrace suas histórias e ideias únicas e não tenha medo de compartilhá-las com o mundo — nunca se sabe o que pode acontecer. Quando meu irmão mais novo tinha uns oito anos, ele teve que fazer uma apresentação na escola sobre uma atividade que adorava. Ele podia escrever uma redação, fazer um PowerPoint ou desenhar um diagrama. De uma coisa Marcus sabia: ele queria que o trabalho dele fosse diferente dos outros da turma, mas não sabia como. Decidiu escrever uma música sobre acampar e usou a melodia de uma canção do Bruno Mars como base para sua letra original. Então, praticou sem parar. Marcus é a pessoa mais engraçada da família, mas sempre foi discreto na escola. Essa experiência o encorajou a se expor. Ele acabou tirando nota dez, e a professora disse que foi a melhor apresentação que ela havia visto em anos. Isso lhe deu mais confiança dali em diante, e é algo que eu lembro a mim mesma quando hesito em me mostrar ao mundo.

NÃO DEIXE NINGUÉM
DESENCORAJAR
VOCÊ DE SEGUIR
SEUS SONHOS.

Na infância, eu sofria bullying por sonhar em ser atriz. Muita gente, por inveja ou por acreditar que eu não fosse capaz, zombou de mim. As pessoas diziam que eu me achava ou que era vaidosa e criticavam minha aparência. Eu demorei um pouco para me desenvolver, então as crianças me chamavam de "tábua", entre outros apelidos idiotas, por eu ainda não ter seios. Diziam que eu não era gostosa o suficiente para aparecer na TV ou no cinema.

É claro que isso me magoava, mas, apesar de todos esses comentários maldosos sobre mim, eu tinha que permanecer fiel a mim mesma. Eu sabia o que estava fazendo. Sabia que estava trabalhando em Hollywood e ganhando força. Não senti necessidade de esfregar isso na cara dos outros. Preferi baixar a cabeça e trabalhar duro. Continuei me dedicando aos estudos, fiz testes e dei tudo de mim para correr atrás do meu sonho. Eu sabia que não tinha como mudar a opinião das pessoas, então simplesmente voltei minha energia para meus objetivos e, no fim das contas, provei que elas estavam erradas. O importante foi a satisfação de saber que me dediquei a algo e cumpri minha missão.

NO CAMINHO PARA
O SUCESSO, HAVERÁ
PESSOAS QUE TENTARÃO
DESTRUÍ-LO. SEJA
INSUPORTAVELMENTE
GENTIL E CONTINUE
A CRESCER.

Sempre haverá pessoas negativas que não desejam seu sucesso. Toda vez que estiver sofrendo bullying, pense em como elas devem ser infelizes. Não tem como pessoas raivosas serem felizes, e rezo para que encontrem a felicidade e aprendam a amar a si mesmas. Essa gente que faz comentários na internet e espalha negatividade sabe que nunca vai te ver cara a cara — esconder-se atrás de uma tela as encoraja. E, muitas vezes, elas estão em busca de atenção para lidar com as próprias inseguranças. Concentre-se nos pontos altos da *sua* vida e, quando alguma coisa o derrubar, simplesmente reconheça a situação e a supere.

NÃO PENSE
DEMAIS.

Muitas vezes tenho dificuldade de tomar decisões e luto com isso todos os dias. Tenho mania de remoer decisões grandes e pequenas, até coisas como postar uma foto no Instagram. Estou tentando aprender a confiar mais nos meus instintos. Depois que *A irmã do meio* terminou, estava previsto que eu fizesse um teste para o papel principal de uma nova série da Netflix, e meus agentes questionaram: "Você tem interesse em fazer esse projeto? É o que imagina para a sua carreira?" A série da Netflix era uma comédia espalhafatosa, muito parecida com *A irmã do meio*. Eu queria experimentar algo diferente, e quando ouvi meu instinto, o projeto me pareceu errado. Minha mãe não acreditou no fato de eu ter recusado um ótimo trabalho como protagonista de uma série. Mas, quando o programa estreou, eu soube que havia tomado a decisão certa: não tinha nada a ver comigo e não era o caminho que eu queria para a minha carreira. Mas, nos meses seguintes, não consegui nenhum trabalho e fiquei preocupada. Cheguei até a me perguntar se deveria continuar na carreira de atriz. Então, surgiu a oportunidade para fazer a série *Você*, e foi o papel perfeito para me impulsionar exatamente ao caminho que eu queria. Se eu não tivesse ouvido meu instinto e recusado aquela outra série, eu não teria conseguido participar de *Você*.

A CRÍTICA É UM MODO
DE SE TORNAR ALGUÉM
MELHOR, MAIS FORTE E
MAIS INTELIGENTE —
A MENOS QUE VOCÊ
A TRANSFORME EM UM
MOTIVO PARA DESISTIR.

Eu já fui péssima em receber críticas, especialmente quando se tratava do meu trabalho. Enxergava como um ataque ao meu caráter e à minha pessoa, e não como a opinião de um indivíduo sobre o meu trabalho. No fim das contas, essa postura era parte da razão pela qual eu não estava melhorando como atriz.

Fiz um esforço para receber críticas com a cabeça de alguém tentando aprender e crescer todos os dias. Meu pai me lembra de que é sempre aceitável cometer erros, contanto que a gente os aceite, assuma a responsabilidade e os use como ferramentas para melhorar. Nunca se é velho demais para aprender, e a crítica é um auxílio e uma orientação para se tornar alguém melhor — por mais que às vezes seja difícil de ouvir. Sem críticas, podemos estagnar e parar de crescer. Todos nós precisamos disso para melhorar. Se você se considera incapaz de errar, está apenas cavando o próprio fracasso. A responsabilidade é sua.

ABRA MÃO
DO SEU EGO.

Quando se tem um ego enorme, acaba-se criando uma noção irrealista de si. Existem bilhões de pessoas na Terra e um fluxo de vida há milhões de anos. Sim, você é especial e único, mas não está acima de ninguém. Sua vida — e seu sucesso — é uma mistura de trabalho árduo, momento certo e oportunidade.

Quando abrimos mão do ego, quando mantemos a humildade e a mente aberta, acabamos em uma posição mais favorável para melhorar, aprender, crescer e absorver o que acontece ao nosso redor sem tanta certeza de que sabemos de tudo. Quando somos egoístas, restringimos nosso crescimento, enquanto a humildade nos expõe a novas ideias, a aprendizados e a tentativas de sermos nossa melhor versão.

Ler o roteiro de um teste na frente da minha família é um exercício de humildade. Quando estou me preparando para papéis importantes, meus pais sugerem que eu leia minhas falas com a família inteira para que todos possam me aconselhar. Fico nervosa lendo falas na frente deles porque são sinceros comigo de uma forma que mais ninguém é. Eles me conhecem bem, e seus feedbacks vêm da perspectiva de fãs e espectadores, não de pessoas da indústria. Geralmente, são comentários certeiros, e, por mais constrangedor que interpretar um papel para a minha família possa ser, costumo conseguir os trabalhos para os quais eles me ajudam a me preparar.

VIVA TODOS OS DIAS COM GRATIDÃO NO CORAÇÃO.

Eu sou muito grata e muito sortuda por ter oportunidades que outras pessoas não tiveram. Sempre dou valor às coisas. Por acaso, nasci a duas horas de distância de Los Angeles, e minha mãe simplesmente tinha um seguidor no Facebook que acabou sendo o diretor de elenco que me ajudou a entrar na área. O nome disso é sorte. E eu nunca vou esquecer. Muitos jovens podem não ter a mesma proximidade, oportunidade ou apoio para correr atrás dos seus sonhos. Quando as pessoas se tornam muito egoístas, muito presunçosas e se esquecem de suas origens, acabam se afastando das próprias raízes e ignoram a sorte que têm. Eu tento manter os pés no chão e me concentrar na gratidão que sinto pela oportunidade de fazer o que amo todos os dias.

A CRIATIVIDADE
É A LUZ QUE NOS
GUIA EM TEMPOS
SOMBRIOS.

Os momentos em que mais me sinto inspirada para escrever ou trabalhar são aqueles em que estou para baixo. Durante o período em que eu estava deprimida e *muito* triste o tempo todo, eu só queria ficar no buraco que criei para mim mesma. Acreditava que nunca seria boa o suficiente, que minha vida nunca seria perfeita o suficiente. Depositei uma pressão absurda em mim mesma e não suportava a possibilidade de falhar. Achava que magoaria minha família se falhasse com eles e que me tornaria uma decepção. Esse foi o meu medo por meses e meses. Acho que a depressão é algo que levamos para o resto da vida e aprendemos a conviver com ela de alguma forma.

Às vezes ouço certas coisas ou tenho certos pensamentos que me remetem àquela época. Toda vez que esses pensamentos voltam, digo a mim mesma para me levantar, fazer alguma coisa, começar a escrever um roteiro, trabalhar em algo. Não quero voltar àquele estado, e é isso que me ajuda. Quando deixo minha tristeza assentar, ela se torna um poço de desgraça em que fico presa. É por isso que fico mais criativa quando estou mal: é minha motivação para seguir em frente.

VALORIZE O PONTO
EM QUE ESTÁ
E APROVEITE A
JORNADA RUMO AO
SEU OBJETIVO.

Eu penso no futuro *o tempo inteiro*. É muito fácil se comparar aos outros, e às vezes tenho dificuldade de valorizar meu próprio sucesso e meu progresso suado quando há outras pessoas seguindo a própria trajetória (às vezes mais rápida). Sempre que vejo outra atriz ser chamada para um filme ou uma série de TV incrível e que faz muito sucesso, alavancando sua carreira pra valer, não consigo deixar de pensar em quanto tempo levei para conseguir algo parecido, ou como quero conquistar o mesmo tipo de papel relevante.

Atuar é uma carreira cheia de comparação e competição. Estou sempre ciente do que os outros estão fazendo, ainda mais como uma jovem adulta não branca. Existem menos papéis pensados para uma atriz como eu, e preciso fazer por merecer papéis não necessariamente destinados a mim. Isso pode ser difícil ou motivador, dependendo do dia, mas faz parte do trabalho.

Com sete anos de carreira, muitas vezes penso no que ainda não conquistei. Costumo ver meu trabalho como uma corrida contra mim mesma. Nem sempre tiro um tempo para recuar e refletir sobre como cheguei longe e o quanto cresci. Este ano, trabalhei duro para me manter no presente. Agora, tenho me esforçado mais do que nunca para valorizar de verdade o que conquistei e considerar cada passo em direção aos meus objetivos parte de uma jornada linda e cheia de crescimento.

A VIDA É CURTA DEMAIS PARA FICARMOS DE BRAÇOS CRUZADOS ESPERANDO AS OPORTUNIDADES APARECEREM. ÀS VEZES É PRECISO ABRIR PORTAS POR CONTA PRÓPRIA.

Em uma ocasião específica, quando me disseram que eu não tinha conseguido um papel em outro filme importante para o qual tinha feito um teste, fiquei arrasada. Eu havia participado de várias rodadas e me dedicado de corpo e alma àquele papel. A decisão tinha sido tomada no último segundo, e, quando fiquei sabendo da notícia, pensei: "Bom, mais uma porta fechada na minha cara." Minha família me consolou me lembrando de quantos futuros papéis eu teria.

Não consegui parar de pensar em como poderia transformar aquele aparente fracasso numa oportunidade. Sempre quis tentar escrever, produzir e dirigir, e parecia o momento perfeito para começar. Em vez de esperar que novos planos aparecessem, eu mesma tomei a iniciativa e me entreguei ao processo criativo de escrever e desenvolver meu próprio projeto.

No momento, tenho uns vinte roteiros diferentes e incompletos, e adoro ter uma válvula de escape para as inspirações que me ocorrem o tempo inteiro e em qualquer lugar. Trabalhar nos meus próprios projetos me dá uma injeção de esperança. Algumas das maiores histórias de sucesso são de criadores independentes que se arriscam com projetos que os catapultaram para o topo. Não espere por permissão.

O FUTURO É VOCÊ QUEM FAZ, ENTÃO SONHE ALTO.

Sonhar alto te ajuda a descobrir quem você é e abre um mundo de possibilidades. Ao correr atrás dos seus sonhos, você está buscando uma vida inteira de felicidade onde verá seus objetivos se tornarem realidades. Eu sou um excelente exemplo de como sonhar alto pode valer a pena. Várias garotas querem ser atrizes, mas nem todas tornam isso uma realidade. Minha carreira é o resultado de sonhar alto. Na infância, eu queria ser astronauta, depois, a primeira presidenta, e então atriz. Atuar era acessível e algo que eu poderia realizar imediatamente. Depois de anunciar que era esse meu desejo, meu lado obstinado assumiu o controle. E é aí que entra o trabalho árduo. Meus pais sempre acreditaram em mim e me apoiaram, mas era um sonho muito improvável para uma criança de oito anos de Coachella Valley. Encarei a situação como minha oportunidade de provar que os outros estavam errados, o que adoro fazer. Comecei a me instruir, assistindo ao máximo de filmes possível, treinando na frente do espelho, me apresentando para amigos e familiares e rezando. Ainda assim, tudo isso foi um tiro no escuro que se concretizou graças ao apoio dos meus pais e a um bocado de sorte. Mas a questão é: não existe desvantagem em sonhar alto, e se você negar a si mesmo esses sonhos, vai limitar sua vida.

ESTRELAS CADENTES
SE APAGAM DEPRESSA.

Na indústria do entretenimento, já reparei que alguns atores suam a camisa por anos para fazer sucesso e outros estouram rapidamente. Muitas pessoas desejam esse sucesso imediato e inegável. Para mim, não é uma questão de chegar lá depressa, mas de amadurecer as próprias habilidades e construir uma carreira da qual se tem orgulho. Acho importante lembrar que estrelas cadentes se apagam depressa. Quando penso que estou nessa há cinco anos e, sem mais nem menos, essa ou aquela pessoa consegue trabalhos que eu queria, lembro de atrizes como Nicole Kidman ou Viola Davis. Elas trabalharam um tempão antes de receberem todo o reconhecimento que mereciam. Longevidade é tudo na vida. Seja paciente e nunca deixe de avançar rumo ao seu objetivo.

De vez em quando, algo ou alguém me diz que eu fiz a diferença. Meu pai e eu estávamos passeando em um shopping outro dia e ouvi por acaso um cara dizer aos amigos: "Ah, olha a Jenna Ortega ali." É inacreditável que as pessoas saibam meu nome. Na maior parte do tempo, eu vivo no meu mundinho e sinto que nada mudou desde que eu era criança. Esses momentos me tiram da minha bolha e me lembram que estou fazendo algo bem público, algo que alcança pessoas por toda parte. É comovente saber que pessoas mundo afora apoiam a mim e a minha carreira, e eu não poderia sentir mais gratidão.

COMO SABER AONDE
SE QUER CHEGAR
SEM ALGUÉM PARA
ADMIRAR?

Ter uma pessoa que sirva de exemplo — ou várias — é uma ótima maneira de se manter inspirado a evoluir. Ver o sucesso que as pessoas que eu admiro conquistaram e os riscos que assumiram me incentivou a almejar alto. No entanto, essas pessoas não são só celebridades; são pessoas que admiramos e respeitamos pela ética de trabalho e pelo caráter.

Considero Gina Rodriguez um dos meus maiores exemplos. Eu a conheci aos onze anos, quando interpretava a versão mais jovem da personagem dela em *Jane the Virgin*. Ela fez questão de passar um tempo e criar uma conexão comigo no set. Além disso, me aconselhou a permanecer fiel a mim mesma, estar preparada e jamais desanimar, sempre me incentivando e me apoiando. Ela me disse: "Tenho muito orgulho de você. Estamos juntas nessa jornada." Toda vez que a vejo, ela ainda me dá ótimos conselhos.

Ver uma jovem atriz latina ser bem-sucedida foi muito importante para mim. Na infância, dava para contar nos dedos o número de atores latinos famosos. Não ver pessoas parecidas comigo ou com as quais eu me identificasse na TV era difícil e desanimador. Se você se inspira em alguém, acaba se perguntando como pode transformar sua paixão em alguma coisa significativa. É importante admirar alguém, apreciar o bem que a pessoa faz e se inspirar para fazer a diferença na sua própria vida.

AME-SE

VOCÊ SÓ TEM UMA VIDA. ARRISQUE-SE E EXPRESSE SEU VERDADEIRO EU, EM VEZ DE SE ESCONDER ATRÁS DO QUE ACHA QUE TODO MUNDO QUER.

Você pode sentir uma pressão enorme para se encaixar num molde específico, mas este é o momento da nossa vida para sair e tentar coisas novas. Divirta-se! Seja um indivíduo! Não há nada de errado em arriscar quando se trata de beleza e estilo. É uma excelente maneira de expressar sua identidade e não há problema nenhum em ser diferente de todo mundo. Seja confiante em relação ao seu próprio gosto. Por exemplo, quando estou em casa e sem trabalhar, gosto de ficar confortável. Uso camisetas largas e meus moletons favoritos. Para mim, nada é melhor do que conforto.

Quando me arrumo, seja para o trabalho ou para estreias, gosto de coisas bem diferentes do que costumo usar. Meu estilo de moda mais formal é bem criativo e me tira da minha zona de conforto. Meus ícones do estilo são as pessoas que realmente inovam e elevam a moda, tipo Zendaya, Billy Porter e Lady Gaga. Aprecio demais a maneira como contam histórias com a moda! Eu sou mais moleca do que outra coisa. Roupas femininas, lindos tons de rosa ou laços não me atraem. Adoro o estilo mais roqueiro e ousado de Gwen Stefani e também prefiro looks arrojados e estruturados.

VISTA O QUE QUISER
COM CONFIANÇA.

Uma das coisas mais ousadas que já fiz em termos de moda, e que deu muito certo, aconteceu em 2017, na estreia de *Homem-Aranha: De volta ao lar*. Enquanto eu e Enrique repassávamos as opções de roupa na noite anterior, eu não estava animada com nenhuma. Ele me mostrou um look com calça interessante, mas parecia meio simples. A calça preta justa fazia conjunto com uma blusa branca de um ombro só, além de uma sandália de salto alto moderninha de rebite. Na teoria, eu até gostei, mas não tinha certeza se era o visual certo para uma estreia de filme da Marvel. Eu sabia que tinha que haver algo mais jovem e divertido. Isso deu ao meu brilhante estilista a ideia de pedir a um amigo artista que pintasse a blusa com spray usando a palavra "SHOOK" em um balão de fala típico das HQs. Foi isso que fizemos, sem ter ideia de qual seria o resultado.

Quando o artista entregou a roupa, eu amei, mas fiquei com medo de não sustentar o look e chamar muito a atenção na estreia de um filme do qual sequer participei. Mas Enrique me convenceu a correr o risco. Fiquei preocupada, achando que pudesse ser muito óbvia ou muito exagerada, mas acabei amando a roupa!

MOVIMENTE
SEU CORPO.

É preciso cuidar do próprio corpo, mas podemos experimentar e decidir o que funciona para a gente. Brincar ao ar livre, fazer exercícios e se conectar com pessoas queridas são ótimas maneiras de ativar seu corpo e sua confiança. Quando fico ocupada demais, costumo tirar os exercícios físicos da minha agenda, e então me sinto ainda pior. Quando me exercito regularmente — por mais que sejam exercícios leves no meu quarto ou uma rápida corrida pelo bairro —, eu me sinto melhor, mais calma, realizada. Essa é a beleza da endorfina.

A parte mais difícil é tomar a decisão de se exercitar. Mas depois você vai se sentir muito bem e cheio de orgulho. Às vezes é mais fácil simplesmente calçar os tênis. Por mais que você procrastine depois, provavelmente vai sair e fazer alguma coisa, uma vez que já está calçado. Aproveite o embalo!

A COISA MAIS
BONITA QUE UMA
GAROTA PODE
USAR É A PRÓPRIA
CONFIANÇA.

Há muito tempo tenho problemas de autoconfiança e já fui bastante insegura. Eu olhava para garotas nas redes sociais e ficava com inveja da beleza delas. Quanto mais encarava as fotos, mais me dava conta de que todas tinham uma coisa em comum: confiança. Contanto que a gente mantenha a cabeça erguida, as pessoas vão nos achar lindas. E, o mais importante, a gente também acaba achando.

A verdade é que, até que nos sintamos honestamente confiantes na nossa própria pele e na nossa própria vida, não seremos capazes de deixar nossa marca como indivíduos. Percebi que olhar as fotos lindas das influenciadoras e dos ícones da moda nas redes sociais estava me despertando insegurança. Comecei a passar menos tempo ali para me concentrar mais em mim. E, quando me sinto bem com o que estou fazendo, posso dar mais apoio aos outros sem inveja.

QUANTO MAIS TEMPO
PASSAMOS NAS
REDES SOCIAIS, MAIS
DESGASTAMOS NOSSA
AUTOESTIMA.

Vivemos numa cultura que menospreza quem não parece glamoroso o suficiente ou não é instigante o suficiente. Padrões irrealistas recebem elogios constrangedores do tipo "Ai, que arrasoooo!" ou "Bafônica!". (Digitar essas palavras simplesmente fez a minha alma sair do corpo.) As pessoas vão se apegando aos comentários e amam o feedback positivo instantâneo, mas ficam magoadas se não recebem o mesmo nível de elogio toda vez. Isso as motiva a se esforçar mais e a passar mais tempo nas redes sociais, prestando atenção no que tem se saído bem e no que não tem.

Almejamos aprovação dos outros e stalkeamos perfis de pessoas que gostaríamos de ser. Ah, se pudéssemos ter aquela aparência, aquele senso de humor, aquela vida incrivelmente divertida.

Eu tento não dar muito valor ao que acontece nas redes sociais. Não fico preocupada com quantas curtidas ou comentários um post recebe — desde que eu crie um conteúdo autêntico, me sinto bem. A opinião de ninguém é tão importante quanto a da minha família e dos meus amigos próximos, por mais que eu fique feliz de ter uma comunidade positiva de seguidores. Sou grata pelo apoio de todo mundo, e a mim só resta espalhar amor e luz, ser sincera e fazer o que me deixa feliz.

VOCÊ É O SUFICIENTE DO JEITINHO QUE É.

Existe muita pressão para "ser você mesmo", como aqueles perfis do Instagram que escolhem o filtro certinho para fazer as fotos parecerem naturais. Existe uma expectativa de que "ser você mesmo" é jamais sair sem pelo menos um pouco de maquiagem. Que Deus o livre de alguém descobrir que você está com uma espinha. Só que você não precisa de maquiagem. Você não precisa de filtro. Você não é perfeito e sua vida não é perfeita, porque a de ninguém é. Mas sua identidade e suas ações são o *suficiente*.

SEJA SEMPRE A MELHOR VERSÃO DE *SI MESMO*, EM VEZ DE TENTAR SER QUALQUER VERSÃO DE OUTRA PESSOA.

Quando comecei a usar redes sociais, eu tinha talvez onze ou doze anos — provavelmente mais nova do que deveria, mas parecia importante para o meu trabalho. Comecei a seguir todas as pessoas que apareciam de sugestão ou que os meus amigos seguiam: influenciadores, especialistas em beleza, alguns comediantes, várias personalidades da internet. Fiquei chocada ao ver os posts deles, quantos seguidores tinham e como todos pareciam lindos e perfeitos. Eu ainda não era insegura, mas era facilmente influenciada pelo que via essas pessoas fazendo. Comecei a achar que deveria tentar me vestir que nem elas, ou ser parecida com elas, ou contar piadas da mesma maneira.

Mas simplesmente não funcionava para mim. Eu estava construindo uma persona e um visual que não batiam com a minha personalidade. Às vezes, repetia piadas que via no Instagram ou no YouTube para ver o que minha família achava, e eles ficavam em silêncio e se entreolhavam como quem diz: "*O que está acontecendo?*" Tive que aprender que podemos apreciar o talento e a aparência de outras pessoas e até mesmo nos inspirar nelas, mas isso deve ser um complemento à nossa identidade natural, e não um substituto. Explore o que você gosta, siga experimentando coisas novas, descubra o que você ama, mas nunca enterre o que você já sabe que é verdadeiro.

O AMOR-PRÓPRIO É UMA JORNADA.

Não acontece da noite para o dia — todos nós temos inseguranças. Mais novinha, eu era muito teatral: atuava, chamava a atenção, era palhaça e adorava. Mas, por volta dos treze anos, já não gostava de nada em mim mesma. Comecei a questionar minha aparência, meu modo de agir. Eu estava tão ocupada questionando tudo que por um tempo acabei perdendo de vista quem eu realmente era. Agora, estou voltando a explorar o autoconhecimento e o amor-próprio. Estou empenhada em aprender algo novo sobre mim todos os dias. De algumas coisas eu gosto, já outras precisam ser trabalhadas. Nem sempre sou confiante e, de forma alguma, sou perfeita. Mas, mesmo nessa jornada para melhorar e crescer, estou encontrando amor por mim. Amar a si mesmo significa aceitar as próprias inseguranças e os supostos defeitos e aprender a abraçá-los e celebrá-los.

É NORMAL SER UMA PESSOA COM DIVERSOS PRIVILÉGIOS E MESMO ASSIM SOFRER. TUDO BEM NÃO ESTAR BEM.

Quando comecei a fazer terapia e de fato conversei com alguém sobre meus sentimentos, fiquei com vergonha. Sentia que não merecia reclamar ou me sentir triste. Existem pessoas com vidas muito mais difíceis do que a minha, então que direito eu tinha de estar deprimida? Tive dificuldade de me abrir com a terapeuta, pois não queria que ela me achasse ingrata ou chorona. Eu me importava tanto com o que os outros pensavam que quase preferia me sentir mal a acabar sendo julgada pela terapeuta. Mas não podemos pensar assim. Todos temos direito aos nossos sentimentos.

Que a gente se permita ter dias ruins. Seja paciente consigo mesmo, mas busque ajuda. Demorei bastante para admitir na terapia como eu estava me sentindo, mas, olhando em retrospecto, sou muito grata por ter conseguido. A jornada para a felicidade, a recuperação ou a paz pode ser longa, mas só começa quando pedimos ajuda e botamos a mão na massa.

RÓTULOS SÃO LIMITANTES.

Passei a vida inteira sendo rotulada, seja como a garota interessada em política e esportes "diferentes" ou, mais tarde, como uma jovem atriz com um posicionamento aberto sobre questões de justiça social.

Quando eu era pequena, queria ser a primeira mulher presidente dos Estados Unidos, e as pessoas me diziam "sem chance". Sabe como é, porque "garotas não podem ser presidentes". Por muito tempo eu acreditei nos rótulos porque os ouvi durante anos, e eles acabaram ficando arraigados em mim. Só quando cresci me dei conta de que não precisava deixar que rótulos e limites me impedissem de tentar novas experiências, ultrapassar limites ou interagir com novas pessoas.

A pressão para caber em uma determinada caixa pode atrapalhar sua criatividade. Mas você está no controle da sua vida e pode decidir com quais pessoas conviver, qual será seu estilo e quais paixões deseja seguir. Agora que abri mão desses rótulos, gosto de enxergar todo mundo como possibilidades infinitas.

PARE DE SE COMPARAR COM OS OUTROS. VOCÊ É VOCÊ, E ISSO MAIS NINGUÉM PODE SER.

As pessoas são duras demais consigo mesmas. Para aqueles que têm baixa autoestima, a comparação com os outros se torna tóxica. E acreditar que não estamos à altura dos outros pode ser um fator de isolamento. É importante ser honesto em relação a isso, pois várias pessoas passam pela mesma coisa, até mesmo aquelas que consideramos absolutamente perfeitas. E quem garante que outras pessoas não olham para você e se comparam?

O MAIS IMPORTANTE
É O QUE SEMEAMOS
NO MUNDO — NOSSA
ENERGIA, NOSSA
PERSONALIDADE,
NOSSA GENTILEZA.

Não suporto materialismo. Quando comecei a trabalhar e passar mais tempo em Los Angeles, um dos primeiros itens de grife que comprei foi uma mochila de luxo. Mas é aí que está: eu não ligava para a mochila. Só comprei porque me senti pressionada. A amiga que estava me acompanhando me incentivou a comprá-la, dizendo que eu iria a eventos e deveria estar bonita e arrumada. Minha mãe se juntou ao coro e também me incentivou, dizendo que eu nunca me dava nada. Então eu comprei — o que foi realmente *ridículo*. Quantas vezes você já encontrou alguém e pensou: "Ah, caramba, ela tem coisas bem bacanas. Aposto que é uma ótima pessoa!" NUNCA. As melhores pessoas que você vai conhecer na vida são aquelas com quem se conecta e que considera honestas e genuínas. Não tem nada a ver com a bolsa que usam, com o sapato que calçam ou com o que tem no guarda-roupa delas. Compre e use o que te faz feliz.

SÓ VOCÊ SABE O
QUE É MELHOR PARA
VOCÊ MESMO.

Digamos que você esteja conversando com uma pessoa de quem está bem a fim. E, como você está nervoso, não sabe como responder a uma mensagem que essa pessoa enviou. Assim, você faz o que muitos de nós fazemos, que é pedir a opinião de cinco amigos. Quando você se dá conta, está escrevendo uma resposta em grupo e fazendo uma força-tarefa para cada palavra e emoji.

Essa é a chance perfeita para tomar suas próprias decisões. Tenha confiança ao responder seu crush com o que vier à cabeça. Se a pessoa se envolver ainda mais e apreciar seu senso de humor, trata-se de uma conexão genuína! Se não, talvez não seja para ser. Mas você nunca vai saber se for seu melhor amigo ou melhor amiga que está mandando a mensagem.

É preciso confiar em si mesmo. E quem está falando é alguém que passou vários anos colocando as ideias, opiniões e ideologias dos outros à frente dos próprios instintos. Mas eu aprendi que só você sabe o que é melhor para você mesmo.

ACREDITE NO SEU PODER

EU ME IMPORTO.
VOCÊ TAMBÉM
DEVERIA.

Em junho de 2018, participei do Radio Disney Music Awards e usei uma das roupas mais polêmicas da minha vida. Eu ia apresentar parte dos prêmios e sabia que era uma oportunidade de usar a atenção da mídia para destacar uma injustiça que me incomodava. Na época, estavam saindo notícias sobre os centros de detenção de imigrantes do nosso país, e a primeira-dama Melania Trump visitou os acampamentos vestindo um casaco que dizia "I really don't care, do you?" ("Eu não me importo, você se importa?"). Achei aquilo inapropriado e cruel. Estava planejando usar um casaco verde-militar parecido para a cerimônia, então trabalhei com o meu estilista para criarmos uma resposta através da moda. Nas costas do meu casaco estava escrito o seguinte: "Eu me importo e você também deveria."

Eu precisava compartilhar essa mensagem em um palco grande. Eu me importo muito com os outros e me importo muito com os detidos em centros ao longo da fronteira com o México. Recebi alguns comentários negativos dos espectadores, mas também houve vários comentários positivos. A maioria das pessoas evita falar sobre essas questões por medo de ofender alguém ou perder apoio. Eu encorajo meus fãs a defenderem aquilo em que acreditam. Se não usarmos nossas vozes, não seremos capazes de mudar as coisas.

NOSSAS VOZES SÃO UMA FERRAMENTA PODEROSA PARA A MUDANÇA. ASSIM COMO NOSSO SILÊNCIO.

Em 2018, fiz uma viagem incrível ao Quênia com a organização WE, uma ONG dedicada a transformar vidas por meio da mudança social, tanto nacional quanto internacionalmente. Fomos ao Quênia porque muitas comunidades não têm acesso a água potável e muitas crianças não têm acesso à educação. A WE atua arrecadando dinheiro e construindo infraestrutura para poços de água potável e escolas, e eu tive a sorte de ser uma das voluntárias nessa viagem.

Foi uma experiência transformadora que colocou as coisas em perspectiva para mim. Trabalhamos na conscientização da importância do abastecimento de água e do acesso à educação e construímos escolas com nossas próprias mãos, trabalhando com a comunidade na mistura e no despejo do concreto. É fácil esquecer como tenho sorte e subestimar necessidades básicas, como água potável. Até caminhar junto de algumas mulheres quenianas, eu nunca tinha pensado no desafio diário de ter que andar quilômetros para buscar uma água que nem era limpa.

Depois que voltamos para os Estados Unidos, a WE organizou um dia de silêncio a fim de promover conscientização sobre os problemas no Quênia. Todos os voluntários, apoiadores e embaixadores evitaram aparições públicas e redes sociais, refletindo sobre privilégios e sobre como podemos ajudar os outros.

PESSOAS DE TODAS
AS ETNIAS E ORIGENS
DEVERIAM SE VER
REPRESENTADAS.

Quando eu era pequena, não via muita diversidade nas telas. Assistia à Dakota Fanning e admirava suas habilidades de atuação, pensando: "Bem que eu poderia ser a Dakota Fanning latina." Quando eu imaginava ser atriz, achava que teria que ser a versão latina de outra pessoa. Ser apenas eu mesma não era uma opção.

Quando tive a oportunidade de dublar a princesa Isabel na animação da Disney *Elena de Avalor*, nunca pensei que Elena seria o exemplo latino com que sempre sonhei. O impacto total da personagem só me atingiu quando fui ao Walt Disney World, na época da estreia da Elena nos parques. A personagem ficaria cumprimentando os jovens fãs, e as lojas começaram a vender vestidos e mercadorias com o tema Elena. Vi criancinhas de todas as etnias fazendo fila para conhecê-la e comprar as bonecas e brinquedos. Alguns dias depois, na Target, vi uma garota segurando uma boneca da Elena, pulando e dizendo: "Ela se parece comigo!" A alegria no rosto daquela menina foi tudo para mim.

Quando eu tinha quatro anos, perguntei a minha mãe se eu podia pintar meu cabelo de loiro para parecer a Cinderela. Mas esta geração de crianças terá uma princesa da Disney parecida com elas. É motivo de orgulho e de cura pessoal saber que pude dar isso às meninas.

INCENTIVE AS PESSOAS A SEREM SINCERAS COM VOCÊ.

Muita gente em Los Angeles, e especificamente em Hollywood, tenta dizer o que você quer ouvir. Certo dia, eu estava no set e pedi feedback de uma cena. Sempre que os roteiristas estão no set, vou atrás da opinião deles — quero ter certeza de que minha performance é o que eles tinham em mente. Nesse caso, o roteirista só me elogiava. Não acho isso útil! O roteirista cria a história e eu quero ter certeza de que vou corresponder à visão dele, para podermos colaborar em obter um produto final do qual todos nós nos orgulhemos. Isso não acontece se as pessoas se contêm e deixam de dizer algo importante.

ABRACE SUAS DIFERENÇAS. CERQUE-SE DE PESSOAS QUE TE PÕEM PARA CIMA, NÃO PARA BAIXO.

Quando eu estava no ensino fundamental, tinha que ir muito a Los Angeles a trabalho. Na época, eu andava com pessoas que me faziam sentir culpada toda vez que eu precisava deixar a escola. Debochavam de mim, falando que eu me achava muito chique. Ouvia essas coisas em sala de aula e na hora do recreio, de gente que me via todos os dias. Eu achava que seria impossível escapar disso. Levei um tempo para perceber como as palavras dessas pessoas estavam se infiltrando nos meus pensamentos. Eu sempre tento ser pacífica, dar o benefício da dúvida à pessoa. Mas, depois de um tempo, me dei conta de que meus supostos amigos estavam me colocando para baixo com a negatividade constante. Quando nos cercamos de energia negativa, podemos nem perceber o preço que pagamos por isso. Começa a mudar quem somos como pessoa.

    Acabei encontrando novos amigos que eu amava, e até reencontrei alguns velhos amigos do primário. As novas pessoas na minha vida eram positivas, solidárias e genuínas. Elas faziam com que eu me sentisse bem.

TODO MUNDO SENTE CIÚMES. O QUE DEFINE NOSSO CARÁTER É A FORMA COMO LIDAMOS COM ESSE SENTIMENTO.

Para mim, o ciúme é um sentimento bem perigoso e tóxico. Acho que boa parte do ciúme está enraizada nos relacionamentos: quem está namorando quem, qual amigo é convidado para tal lugar. Nem sempre sou incluída em tudo que meus amigos fazem, e tudo bem. Estou fazendo minhas próprias coisas e gosto de passar tempo sozinha. Sei que meus amigos e eu ainda teremos muitas oportunidades e daremos apoio uns aos outros.

Minha insegurança e inveja geralmente me afetam mais em termos de trabalho. Se outra pessoa consegue um trabalho que eu quero, é claro que sinto uma pontada de inveja. Mas não deixo essa emoção durar. Aprendi a transformá-la em motivação. Se você se afunda na inveja, está simplesmente chafurdando na negatividade. Com o passar dos anos, precisei aprender a superar esse sentimento. Hoje em dia, é uma sensação que não dura mais que um segundo. Escrevo num diário para me ajudar. Anoto pensamentos positivos e cheios de amor para me lembrar que a inveja é uma emoção humana natural, mas também uma distração que me afasta do meu verdadeiro propósito.

SEJA O BEM QUE
VOCÊ BUSCA
NOS OUTROS.

Pare de criticar e concentre-se no bem. Tente encontrar maneiras de ser positivo. Se pelo menos uma pessoa em seu círculo de amizades for positiva, talvez outra pessoa internalize essa energia. Claro que todo mundo tem dias ruins ou se sente meio mal, mas o que nos define são os sentimentos em que escolhemos nos concentrar e como lidamos com o nosso humor. Imagine se todos se esforçassem para manter a energia positiva!

No ano passado, eu estava voltando de Los Angeles para casa com minha mãe. Era mais uma longa viagem de carro e eu estava esgotada. Minha mãe estava tentando puxar conversa e me fazer rir, mas eu não conseguia me livrar do mau humor. Por fim, ela disse: "Jenna, às vezes é bem difícil conviver com você. Você consegue ser bem negativa."

Fiquei atordoada. Eu nunca tinha me visto daquela maneira. Nunca tinha levado em conta como meu humor ou minha negatividade afetam as pessoas que eu amo. Aquele foi um momento transformador. Eu sabia que, se minha energia negativa estava afetando o meu relacionamento mais próximo, devia estar afetando todos os outros também. Comecei a notar a energia das pessoas depois disso e percebi o quanto me conecto com pessoas positivas e extrovertidas, que alegram o ambiente, rindo e se divertindo. Mas eu nunca tinha pensado em ser essa pessoa para alguém. Levei um tempo para descobrir que eu podia ter essa energia e refleti-la de volta para os outros.

É PRECISO MUITA
FORÇA PARA
PEDIR AJUDA.

Para uma pessoa teimosa e muitas vezes chamada de independente, pedir ajuda tem sido uma lição difícil de aprender. Quando comecei a gravar *A irmã do meio*, tinha estudado em escola pública a vida toda. Assim que precisei estar no set, comecei a estudar em casa e a trabalhar com os professores do estúdio. Eu estava com medo de pedir apoio porque não queria passar a impressão de que não conseguia me virar sozinha. Comecei a estudar álgebra, e, por mais que agora eu ame, naquela época eu ficava bem confusa. Recebi uma ligação da minha professora de matemática do ensino médio, que estava revisando e avaliando meu trabalho escolar, e ela foi direto ao ponto: "Jenna, você claramente está com dificuldade de entender a matéria. Por que não pede ajuda ao seu tutor?" Por fim, dei o braço a torcer e falei com o meu professor no set, que explicou os conceitos nos mínimos detalhes e estudou comigo. De repente, minha mente se abriu e tudo fez sentido.

Eu tinha criado essa ideia de que não deveria pedir ajuda, que eu era muito independente, autossuficiente e crescida. Felizmente, percebi que era um sinal de teimosia, não de independência. Não há mal algum em pedir ajuda. Na verdade, é sinal de maturidade e de crescimento.

SEU VALOR
VEM DE DENTRO,
NÃO DOS OUTROS.

Muitas vezes deixamos nossas inseguranças e preocupações ditarem nossa visão de nós mesmos e os padrões que estabelecemos para nós. É importante lembrar que nenhuma vida tem mais valor do que outra. Estamos todos passando pelas mesmas coisas, então parem com as comparações e comecem a apoiar uns aos outros.

Certa vez, tive uma amiga que era fofa, talentosa e bonita. Lembro-me de me sentir incrivelmente insegura sempre que me comparava a ela. Esse tipo de pensamento estava fazendo com que eu me sentisse mal comigo mesma. Enquanto isso, eu não sabia que ela sentia o mesmo em relação a mim!

Aprendi a admirar as boas qualidades dos outros sem mudar o que sinto por mim mesma. Sempre que vejo alguém que acho muito estiloso, ou que é superengraçado, ou que tem um lindo sorriso, eu digo isso à pessoa. Isso nos torna pessoas mais positivas e faz com que todo mundo se sinta bem. Fortalecer alguém não nos enfraquece.

DEIXE SUAS AÇÕES
FALAREM MAIS ALTO.

Eu não acredito em hype; acredito em trabalho árduo e resultados. Várias pessoas gastam muita energia construindo novos projetos e divulgando-os exageradamente, mas acabam sendo meia-boca e indignos de toda a empolgação. É fácil gastar mais tempo e energia criando hype quando o projeto não atende às altas expectativas que definimos. Para mim, é mais satisfatório me dedicar de verdade a algo sem que ninguém saiba e depois deixar que o produto fale por si.

PELO QUE VOCÊ GOSTARIA DE SER LEMBRADO? O AMANHÃ NÃO É GARANTIDO, E É PELAS COISAS QUE FAZEMOS HOJE QUE OS OUTROS SE LEMBRARÃO DE NÓS.

Quando somos jovens, pensamos que podemos fazer o que quisermos, que temos muito tempo para amadurecer e, no fim das contas, nos tornarmos as pessoas que desejamos ser. Mas a forma como tratamos os outros, a forma como agimos, forma a pessoa que somos. E é dessa maneira que seremos lembrados.

Quando estou no set, trabalhando duro, às vezes fico envolvida demais em fazer meu melhor e subestimo toda ajuda e trabalho que está se desenrolando ao meu redor. É por isso que priorizo agradecer a cada membro da equipe e assistente de produção que se dedica ao próprio trabalho para que eu possa me dedicar ao meu. Expresso minha gratidão o tempo todo. Levo em conta como quero ser lembrada, o que significa que penso mais sobre minhas ações. E tento apreciar cada detalhe, pois sei que posso perder tudo em um piscar de olhos.

USE SUA VOZ PARA PROMOVER MUDANÇAS POSITIVAS, NÃO IMPORTA O QUANTO O ASSUNTO SEJA DIFÍCIL, NEM O TAMANHO DO RISCO OU DA SUA AUDIÊNCIA.

Em 2017, falei na ONU sobre minha experiência com a organização UNAIDS, que traz mais conscientização a respeito do HIV. Fiz meu discurso para um salão com líderes mundiais, diplomatas e ativistas. Foi muito estressante falar enquanto o primeiro-ministro de Uganda estava sentado à minha esquerda e o presidente da França, à minha direita. Houve diversos discursos naquele dia, a maioria sobre dados e estatísticas, enquanto eu falei de coração sobre a morte do meu avô por AIDS e sobre como isso afetou minha família. É um assunto a respeito do qual eu ainda não tinha falado em público, mas sabia que era uma oportunidade de compartilhar o efeito dessa doença na gente.

Meu avô morreu antes de eu nascer. Ele era um artista e se assumiu gay quando era mais velho. Sinto uma grande conexão com ele porque herdei seu dom para a performance. Enquanto eu falava na ONU, comecei a chorar com a emoção do momento. Eu me senti bem vulnerável, em cima do palco, sendo a pessoa mais nova do recinto. À medida que eu falava, os participantes foram abaixando os talheres para olhar para o palco. As conversas paralelas diminuíram e depois pararam. Depois do meu discurso, um dos ministros de Relações Exteriores que inicialmente não tinha me dado muita trela apareceu e pediu para dar continuidade à conversa. Aquele foi um dia importantíssimo para mim. Senti que atendi às grandes expectativas do evento, e isso era o que realmente importava.

VOCÊ PODE FAZER
TUDO QUE QUISER.

É preciso ter coragem para explorar suas paixões e seguir suas ambições. Se você sonha em escrever um romance, se deseja compor e cantar uma música original, se virar capitão do seu time de futebol é seu objetivo: vá em frente. Você pode não ter todos os recursos disponíveis no momento ou todo o conhecimento e habilidades de que precisa, mas pode começar. E, quem sabe, pode ser que você comece a compor músicas ou fazer aulas de atuação e conclua que não é para você. Mas, por meio dessa experiência, aprenderá o que é trabalhar duro e praticar, talvez até conheça novos amigos que o apresentarão a outra atividade interessante. É sempre uma boa ideia aproveitar as chances. Experimente e se instrua o máximo possível.

A ideia de falhar pode ser assustadora e intimidadora, mas vale muito a pena correr atrás do seu sonho. Nunca deixe que os medos te impeçam de batalhar pelos seus objetivos. Você é o responsável pela sua história. Não deixe que ninguém a escreva por você.